AF556482

जानिए
मंगल
ग्रह
को

ग्रहण देखने का सुरक्षित तरीका

वाइकिंग- आर्बीटर द्वारा लिया गया मंग
सतह के 800 कि.मी. लंबे क्षेत्र का

जानिए मंगल ग्रह को

डी.डी. ओझा

विद्या विहार, नई दिल्ली

प्रकाशक : विद्या विहार,
19, संत विहार (पहली मंजिल) गली नं. 2, अंसारी रोड, नई दिल्ली–110002
 / संस्करण : 2024 / मूल्य : तीन सौ रुपए
मुद्रक : नरुला प्रिंटर्स, दिल्ली ISBN 81-88140-53-8

JANIYE MANGAL GRAH KO

by Dr. D.D. Ojha ₹ 300.00

Published by **VIDYA VIHAR**

19, Sant Vihar (First Floor), Street No. 2, Ansari Road, New Delhi-2

परम पूज्यपाद गुरुवर
आचार्य महामंडलेश्वर
श्री स्वामी महेशानंदजी गिरिजी महाराज
के
श्रीचरणों में सादर समर्पित।

ॐ अग्निमूर्द्धा दिवः ककुत्पतिः पृथिव्याऽअयम्।
अपा ꣳ रेता ꣳ सि जिन्वति इन्द्रस्य त्वौजसा सादयामि॥

— यजुर्वेद, 13/14

आपका मस्तक अग्नि–सा देदीप्यमान् है। अंतरिक्ष के आप उच्च शिखर हैं। पृथ्वी के आप पुत्र होने से पालक हैं। जल (कर्म) के सामर्थ्य को आप बढ़ाते हैं।

प्राक्कथन

कविवर सुमित्रानंदन पंत ने लिखा है—'न जाने नक्षत्रों से कौन, निमंत्रण देता मुझको मौन।' वस्तुतः कविवर की संकल्पना कोरी नहीं थी, वरन् उसमें सुदूर भविष्य की कोई सच्चाई छिपी हुई थी। यह सर्वविदित है कि मानव ने सबसे पहले पृथ्वी के उपग्रह चंद्रमा के निमंत्रण को स्वीकारा। यह स्वाभाविक भी था, क्योंकि चंद्रमा पृथ्वी के बहुत नजदीक है और 21 जुलाई, 1969 को मानव ने चंद्रमा पर अपने पैर भी रख दिए।

चंद्रमा पर पहुँचने के बाद मनुष्य ने मंगल ग्रह पर पहुँचने की तैयारी शुरू कर दी। हमारे प्राचीन भारतीय ग्रंथ 'ब्रह्मवैवर्तपुराण' में मंगल को पृथ्वी-पुत्र भी कहा गया है। मंगल ग्रह का भारत में एक विशेष महत्त्व रहा है। हमारे ऋषि-मुनियों की खगोलीय खोज के अनुसार पुरातन ग्रंथों में इसका स्पष्ट वर्णन है कि इस ग्रह पर प्राणियों का अस्तित्व था। अतः इसी मान्यता को ध्यान में रखते हुए विश्व भर के प्रमुख अंतरिक्ष अनुसंधान वैज्ञानिक, जिनमें संयुक्त राज्य अमेरिका एवं पूर्व सोवियत संघ प्रमुख हैं, इन अभियानों में लगे हुए हैं। यदि हम मंगल ग्रह के अंतरिक्ष अभियानों का अध्ययन करें तो विदित होता है कि वहाँ प्राणिमात्र के मिलने की पूरी संभावना है या पहले कभी प्राणी थे।

मंगल के प्रति वैज्ञानिकों के गहरे आकर्षण का कारण है—उसकी लाल सतह और पृथ्वी से मिलता-जुलता उसका स्वरूप। मंगल ग्रह वैज्ञानिकों के अलावा लेखकों, फिल्मकारों आदि के लिए भी आकर्षण का केंद्र रहा है। उपन्यासों, कथाओं और हॉलीवुड की फिल्मों में इसे लेकर कई संकल्पनाएँ की गई हैं।

सन् 1971 के आस-पास मंगल के संबंध में महत्त्वपूर्ण अनुसंधान हुए; क्योंकि उस समय मंगल पृथ्वी से न्यूनतम 4 करोड़ 12 लाख किलोमीटर दूर था। उस समय तीन कृत्रिम उपग्रह मार्स-2, मार्स-3 और मेरिनर-9 भी इसके चारों ओर

चक्कर लगा रहे थे। 14 जुलाई, 1997 को मंगल ग्रह संबंधी अनुसंधान का एक ऐतिहासिक क्षण आया, जब मानव-रहित अमेरिकी अंतरिक्ष यान 'पाथ फाइंडर' मंगल ग्रह की सतह पर सफलतापूर्वक उतर गया। इस यान के साथ 10 किलोग्राम का रोबोट सोजोर्नर भी भेजा गया था। यह रोबोट अत्यंत संवेदनशील वैज्ञानिक उपकरणों, शक्तिशाली कैमरों एवं अनेकानेक वैज्ञानिक परीक्षणों में सक्षम जटिल प्रणालियों से लैस था।

अभी तक सोजोर्नर द्वारा भेजे गए चित्रों से ज्ञात होता है कि मंगल ग्रह पर कभी अत्यधिक जल था। जैसा कि ज्ञात है, पृथ्वी पर जीवन के लक्षणों में से एक महत्त्वपूर्ण कारक विद्यमान है और वह है—कार्बनिक यौगिकों की उपस्थिति। वाइकिंग द्वारा मंगल पर किए गए विभिन्न प्रयोगों में से एक प्रयोग वहाँ की मिट्टी के विश्लेषण से संबंधित था। वैज्ञानिकों की यह अवधारणा थी कि यदि मंगल पर जीवन का कोई भी लक्षण विद्यमान है तो वहाँ पर कार्बनिक यौगिक अवश्य होने चाहिए। परंतु उक्त प्रयोग में गहन अध्ययन के पश्चात् भी कार्बनिक यौगिक नहीं प्राप्त हो सके, जिसकी निष्पत्ति यह रही कि मंगल पर जीवन का कोई लक्षण नहीं है।

मंगल ग्रह की अपनी रोचकता है। इस ग्रह पर भी मौसम बदलते हैं। वहाँ वसंत, ग्रीष्म और शरद् ॠतुएँ होती हैं। एक अन्य विशेषता इसके दो चाँद की है। हमारी पृथ्वी का एक चाँद है, जबकि मंगल ग्रह के दो चाँद हैं। हमारे चाँद की तुलना में ये बहुत छोटे हैं। 'फोबोस' मात्र 22 किलोमीटर और 'डिमोस' 12 किलोमीटर चौड़ा है। कुछ अन्य बिंदुओं पर मंगल ग्रह विवाद का विषय भी है। अंतरिक्ष में पृथ्वी के अतिरिक्त जीवन की गुत्थी मंगल ग्रह की खोज से सुलझने की आशा की जा रही है। वैज्ञानिकों का ध्यान भी पृथ्वी और मंगल की समानताओं पर ही केंद्रित है। अत: जनसाधारण को ऐसे रोचक ग्रह की जानकारी होना समय की माँग के अनुरूप है।

इस रोचक विषय पर बोधगम्य भाषा में साहित्य उपलब्ध न होने के कारण मैंने 'मंगल ग्रह को जानें' विषय पर पुस्तक लिखने का सुप्रयास किया है। इसमें प्रबुद्ध पाठकों को इस ग्रह के बारे में सरल भाषा में चित्रों सहित अद्यतन जानकारी दी गई है। इस पुस्तक में वर्णित जानकारी से विद्यार्थी, वैज्ञानिक, प्राधिकारी एवं जनसाधारण के ज्ञान में अभिवृद्धि होगी।

इस पुस्तक का सफल लेखन-कार्य पूज्यपाद अनंत श्री विभूषित आचार्य महामंडलेश्वर स्वामी श्री महेशानंद गिरिजी महाराज की कृपा से ही हुआ है। अत:

यह पुस्तक सश्रद्धा-भाव से उन्हीं को समर्पित है। इस पुस्तक के लेखन कार्य में तकनीकी सहयोग हेतु मैं प्रो. शिवगोपाल मिश्र, श्री मनमोहनचंद्र मिश्र, श्री शुकदेव प्रसाद, श्री आर.के. अंथवाल, श्रीमती विनिता सिंघल तथा डॉ. कालीशंकर का हृदय से आभारी हूँ। उन सभी कृतिकारों के प्रति भी, जिनकी कृतियों का यत्किंचित् उपयोग इस जनोपयोगी पुस्तक में किया गया है, मैं कृतज्ञता अभिव्यक्त करता हूँ। आशा है, पुस्तक में प्रदत्त जानकारी पाठकों को लाभान्वित करेगी।

—डी.डी. ओझा

अनुक्रम

अंतरिक्ष में हमारा विशद सौर परिवार

अंतरिक्ष तथा ब्रह्मांड वस्तुतः एक ही शब्द के भिन्न-भिन्न रूप हैं, जिनसे उस असीम-अनंत सत्ता का बोध होता है, जिसे 'नेति-नेति' कहा गया है। जहाँ मनुष्य की आँखें देख नहीं पातीं, जहाँ दूरबीन भी विफल हो जाती है—वह आकाश अंतरिक्ष है। वह अपरिमित, अनंत एवं असीम है। वह अनेक कल्पनाओं से भरा हुआ क्षेत्र है। आकाश के वे पिंड, जो चमकदार बिंदु जैसे दिखते हैं, तारे कहलाते हैं। इस प्रकार आकाश में दिखाई पड़नेवाले असंख्य पिंड तारे हैं। यहाँ तक कि सूर्य भी एक तारा ही है। इसी प्रकार किसी निश्चित पथ पर गति करते हुए किसी स्थिर तारे की परिक्रमा करनेवाले आकाशीय पिंड को 'ग्रह' कहते हैं। हमारी पृथ्वी सूर्य का ग्रह है।

हमारी आँखों से लगभग चार हजार तारे दिखाई देते हैं। छोटी दूरबीन से लाखों और पाँच सौ सेंटीमीटर दूरबीन से बीस अरब तारों के चित्र लिये जा सकते हैं। वस्तुतः जितने भी तारे दिखते हैं या जिनके फोटो खींचे जा सकते हैं, वे हमारी मंदाकिनी—आकाश गंगा—के हैं। मंदाकिनी का विस्तार अति विशाल है। सामान्यतया तारों के तीन गुण होते हैं—उच्च ताप, बदलती सतह एवं गैसीय स्पेक्ट्रम।

तारों भरे जिस आकाश की ओर हम देखते हैं वह हमसे बहुत दूर है। चूँकि अंतरिक्ष की दूरी बहुत ज्यादा है, अतः खगोलविज्ञानी इसे नापने के लिए विभिन्न मात्रकों का उपयोग करते हैं। हमारा सौरमंडल (Solar system), जिसमें नौ ग्रह (एवं उनके उपग्रह) तथा सूर्य है, उसमें दूरी के मात्रक को खगोलीय मात्रक [Astronomical Unit (AU)] कहते हैं। पृथ्वी से सूर्य की दूरी एक खगोलीय मात्रक के बराबर है। यह दूरी 1.49×10^8 किलोमीटर के बराबर है; अर्थात्—

$1 \text{ AU} = 1.49 \times 10^8$ किलोमीटर

(जहाँ $10^8 = 100000000$) अर्थात् लगभग 150 मिलियन किलोमीटर।

यह दूरी इतनी अधिक है कि सूर्य के प्रकाश (जिसका वेग 3×10^5 किलोमीटर प्रति सेकंड है) को पृथ्वी तक पहुँचने में आठ मिनट से अधिक का समय लगता है। उदाहरण के लिए, यदि कोई राजधानी एक्सप्रेस (जिसकी गति मात्र 150 किलोमीटर प्रतिघंटा है) से सूर्य तक पहुँचना चाहे तो उसे एक सौ पंद्रह वर्ष लग जाएँगे; क्योंकि—

$$\text{दूरी} = \text{वेग} \times \text{समय}$$

$$\text{इसलिए समय} = \frac{\text{दूरी}}{\text{वेग}} = \frac{1.496 \times 10^8 \text{ किलोमीटर}}{150 \text{ किलोमीटर प्रति घंटा}}$$

= लगभग 9,97,333 घंटे

= 41,556 दिन = 115 वर्ष।

यह है सूर्य की पृथ्वी से दूरी। अंतरिक्ष में हमारे सबसे नजदीक का तारा सूर्य है। रात्रि में जो तारे आकाश में दिखते हैं वे सूर्य से कहीं अधिक दूर हैं। इतनी लंबी दूरियों के लिए खगोलविज्ञानी एक अन्य मात्रक का प्रयोग करते हैं, जिसे प्रकाश वर्ष (Light year) कहते हैं। वस्तुतः एक वर्ष में प्रकाश का एक पुंज जितनी दूरी तय करता है, उसे प्रकाशवर्ष कहते हैं। तो आइए, हम गणना करके देखें कि यह दूरी कितने किलोमीटर के बराबर होती है।

1 प्रकाशवर्ष = प्रकाश का वेग × 1 वर्ष

= (3×10^5 किलोमीटर प्रति सेकंड) × ($365 \times 24 \times 60 \times 60$) सेकंड

= 9.46×10^{12} किलोमीटर

आकाश के सबसे चमकीले तारे हमसे अत्यधिक दूर हैं। इनमें से कुछ तारे तो पृथ्वी से हजारों प्रकाशवर्ष की दूरी पर हैं। अंतरिक्ष के रहस्यों को समझने में सबसे बड़ी बाधा दूरी है। यदि हम अपने ग्रह पृथ्वी से करोड़ों मील दूरी पर अंतरिक्ष में होते तो हमें अपनी पृथ्वी एक तारे के चारों ओर एक छोटी गेंद के रूप में घूमती नजर आती। यह तारा हमारा नित्य का परिचित सूर्य होता। हमें सूर्य से विभिन्न दूरियों पर आठ अन्य विभिन्न आकार-प्रकार के गोलाकार पिंड भी दिखते। इन ग्रहों के मार्गों को काटते हुए हमें कुछ पुच्छल तारे भी दिख जाते। ये सारे पिंड—सूर्य, ग्रह, उपग्रह, क्षुद्र ग्रह तथा पुच्छल तारे आदि मिलकर हमारे विशाल सौर परिवार का सृजन करते हैं (चित्र 1)।

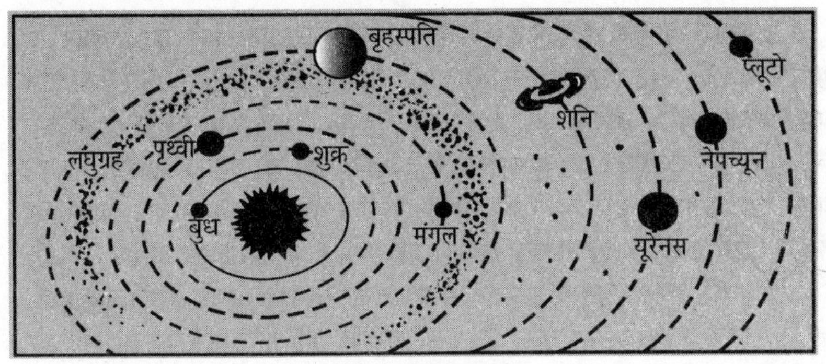

चित्र 1 : सौर परिवार

ग्रह क्या है?

जैसा कि वर्णन किया जा चुका है कि किसी निश्चित पथ पर गति करते हुए किसी स्थिर तारे की परिक्रमा करनेवाला आकाशीय पिंड 'ग्रह' कहलाता है। सूर्य के चारों ओर पृथ्वी जैसी कई पृथ्वियाँ घूम रही हैं, उन सभी को ग्रह की संज्ञा दी गई है। इनकी कुल संख्या नौ है—सूर्य से दूरी के अनुसार इनके नाम हैं—

1. बुध (Mercury),
2. शुक्र (Venus),
3. पृथ्वी (Earth),
4. मंगल (Mars),
5. बृहस्पति (Jupiter),
6. शनि (Saturn),
7. अरुण (Uranus),
8. वरुण (Neptune),
9. यम (Pluto) ।

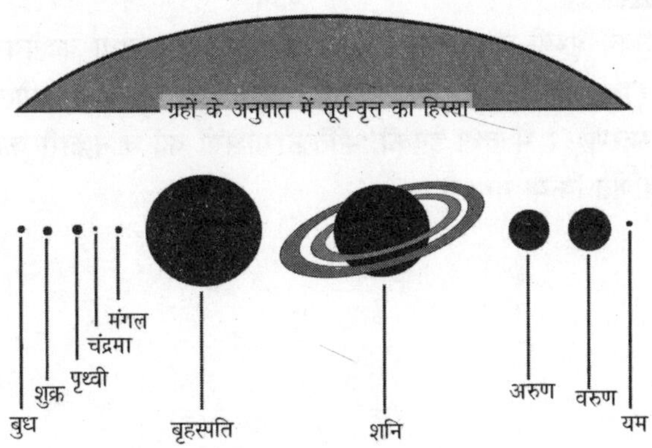

चित्र 2 : सूर्य तथा ग्रहों के तुलनात्मक आकार

हमारे धार्मिक ग्रंथों में इन्हीं नौ ग्रहों की पूजा की जाती है। इन ग्रहों में बृहस्पति, शनि, अरुण तथा वरुण विराट् ग्रह (Giant Planets) हैं। शेष छोटे पाँच ग्रह हैं। ग्रह तारे की अपेक्षा कम द्रव्यमानवाले तथा अधिक शीतल होते हैं। वे तारों के प्रकाश को परावर्तित करके चमकते हैं, जबकि तारों का अपना प्रकाश होता है। यम (प्लूटो) सबसे छोटे व्यास का ग्रह है, जबकि बृहस्पति सबसे बड़े व्यासवाला है। सूर्य तथा ग्रहों के तुलनात्मक आकार को चित्र 2 में दरशाया गया है।

पृथ्वी, मंगल, बृहस्पति, शनि, अरुण तथा वरुण के अपने-अपने उपग्रह हैं, जो कि उन्हीं के चारों ओर घूमते हैं। इन्हें 'चंद्रमा' भी कहते हैं। यम का भी एक उपग्रह बताया जाता है। बुध तथा शुक्र के कोई उपग्रह नहीं हैं। पृथ्वी का चक्कर लगानेवाले मानव निर्मित अंतरिक्ष यान कृत्रिम उपग्रह (Satellites) कहलाते हैं। ये उपग्रह भी उन्हीं प्राकृतिक नियमों का पालन करते हैं, जो खगोलीय पिंड करते हैं।

बुध, शुक्र, मंगल, बृहस्पति तथा शनि—ये पाँच ग्रह अत्यंत चमकीले हैं। ग्रहों के नाम पर सप्ताह के दिनों का नामकरण भी किया गया है, जो निम्नवत् हैं—

दिन	*अधिष्ठाता ग्रह*
रविवार	सूर्य
सोमवार	चंद्रमा
मंगलवार	मंगल
बुधवार	बुध
बृहस्पतिवार	बृहस्पति
शुक्रवार	शुक्र
शनिवार	शनि

बुध, शुक्र, पृथ्वी तथा मंगल अपने समान भौतिक तथा कक्षीय गुणों के कारण पार्थिव (Terrestrial) ग्रह कहलाते हैं। प्रथम छह ग्रहों की खगोलशास्त्रीय जानकारी को सारणी-1 में तथा इनकी भौतिक राशियों की जानकारी को क्रमशः सारणी-2 में वर्णित किया गया है।

सारणी-1

प्रथम छह ग्रहों की खगोलशास्त्रीय जानकारी

गुण	*बुध*	*शुक्र*	*पृथ्वी*	*मंगल*	*बृहस्पति*	*शनि*
सूर्य से औसत दूरी (करोड़ किलोमीटर)	5.79	10.8	14.96	22.8	78.0	144.0
सूर्य से औसत दूरी (सूर्य-पृथ्वी दूरी के एकक में)	0.39	0.72	1	1.524	5.20	9.55
सूर्य के चारों ओर परिक्रमा का समय	88 दिन	225 दिन	365.26 दिन (1 वर्ष)	1.88 वर्ष	11.86 वर्ष	29.46 वर्ष
ग्रह की सूर्य के सापेक्ष औसत गति (किलोमीटर प्रति सेकंड)	47.9	35.0	29.8	24.1	13.2	9.66
ग्रह की कक्षा का क्रांतिवृत्त के प्रतल से कोण (अंश)	7	3.4	0	1.85	1.3	2.5

क्षुद्र ग्रहों की संख्या

मंगल तथा बृहस्पति की कक्षाओं के मध्य तमाम टेढ़े-मेढ़े आकार के चट्टानी पिंड हैं, जो सूर्य की परिक्रमा करते हैं। जब कोई क्षुद्र ग्रह (Asteroid) पृथ्वी के निकट आता है तो लोग दुर्घटना या टक्कर से आशंकित हो उठते हैं; परंतु आज तक ऐसी कोई दुर्घटना नहीं हुई है। ऐसा अनुमान है कि कुल क्षुद्र ग्रहों की संख्या पचास हजार होगी। ये बड़े ग्रहों के टूटने से बने होंगे। इनमें कुछेक के नाम हैं—सेरेस, वेस्ता एवं अपोलो।

सारणी-2

प्रथम छह ग्रहों की भौतिक राशियों की जानकारी

गुण	*बुध*	*शुक्र*	*पृथ्वी*	*मंगल*	*बृहस्पति*	*शनि*
द्रव्यमान (कि.ग्रा.)	3.3×10^{23}	4.9×10^{24}	6.0×10^{24}	6.4×10^{23}	1.9×10^{27}	5.7×10^{26}
द्रव्यमान (पृथ्वी के द्रव्यमान के एकक में)	0.055	0.815	1	0.15	318	95.2
व्यास (कि.मी.)	4,860	12,200	12,740	6,787	1,42,795	1,20,000
घूर्णन समय	57 दिन	243 दिन	23.93 घंटे	24.62 घंटे	9.92 घंटे	10.50 घंटे
घूर्णन अक्ष का क्रांतिवृत्त प्रतल के लंब से कोण (अंश)	0	2.7	23.45	23.98	3.08	26.73
प्रकाश परावर्तन का भाग (प्रतिशत)	6	65	15	15	52	47
अधिकतम तापमान (अंश सेल्सियस)	700	700	50	−30	−140	−180
वायुमंडल	He	CO_2	N_2O	CO_2	NH_3CH_4	NH_3CH_4
उपग्रहों की संख्या	0	0	1	2	16	18

सौर परिवार के सदस्य एवं उनका विवरण

सूर्य

यह सौर परिवार का प्रथम सदस्य है तथा समस्त ऊर्जाओं का केंद्र है। पोलैंड के खगोलशास्त्री निकोलस कोपरनिकस (चित्र 3) ने सोलहवीं शताब्दी में पहली बार घोषित किया कि प्रत्येक वस्तु के केंद्र में सूर्य है। उन्होंने बतलाया कि पृथ्वी सूर्य की परिक्रमा करती है। सूर्य पृथ्वी का सबसे निकटतम तारा है। यह हमें प्रकाश, ऊर्जा तथा ऊष्मा प्रदान करता है। वस्तुतः सूर्य हमारा जीवनाधार है।

चित्र 3 : निकोलस कोपरनिकस

सूर्य एक अति विशाल अग्नि का गोला है। इसका व्यास 14,00,000 किलोमीटर है, जो पृथ्वी के व्यास से सौ गुना अधिक है। सूर्य का भार 3,33,420 पृथ्वियों के तुल्य है। इतना भार होते हुए भी घनत्व 1.4 है, जबकि पृथ्वी का घनत्व 5.5 है। सूर्य का अधिकांश भाग गैस से बना है तथा ये गैसें पृथ्वी के वायुमंडल से भी विरल हैं। विशाल द्रव्यमान के कारण सूर्य की गुरुत्व शक्ति पृथ्वी से अट्ठाईस गुना प्रबल है।

सूर्य के केंद्र में 1,40,00,000° सेंटिग्रेड ताप होता है, परंतु सतह पर बहुत कम—5000–6000° सेंटिग्रेड। इतना कम ताप भी पृथ्वी की प्रत्येक वस्तु को वाष्पीकृत करने के लिए पर्याप्त होता है। वैज्ञानिकों का मानना है कि पृथ्वी पर पहुँचनेवाले पारमाणविक कण न्यूट्रिनो सूर्य के गर्भगृह से ही निकलते हैं। इनमें कोई विद्युत् आवेश नहीं होता है। ये प्रकाश गति से चलनेवाले भारहीन कण हैं।

सूर्य में कई क्षेत्र हैं। इसके बाह्य आवरण में दो परतें हैं—वर्णमंडल एवं किरीट। इस आवरण के भीतर की सतह प्रकाशमंडल (Photosphere) कहलाती है। यह दृश्य सूर्य बिंब है। इसी सतह पर धब्बे होते हैं, जिन्हें सूर्य धब्बे (Sunspots) कहते हैं। इसका भीतरी भाग अत्यधिक तप्त है—प्रचंड भट्‍ठी के रूप में। यह सूर्य का अदृश्य भाग है, जो कि सूर्यग्रहण के समय ही दिखाई देता है।

पृथ्वी पर ऊर्जा का अकाल हो सकता है—यदि कोयला, तेल, लकड़ी जैसे ईंधन समाप्त हो जाएँ; परंतु सूर्य ऊर्जा का अक्षय भंडार है। अनुमान है कि इस समय सूर्य की ऊर्जा 40,00,000 लाख टन प्रति सेकंड है। सूर्य में इतनी हाइड्रोजन है कि सूर्य अगले 30,00,00,00,000 वर्षों तक इसी तरह गरम रह सकता है। सूर्य से दूर होने तथा लघु होने के कारण पृथ्वी सूर्य की कुल ऊर्जा का मात्र 1/2,00,00,00,000 अंश ही ग्रहण कर पाती है; किंतु फिर भी यह ऊर्जा पृथ्वी पर पौधों तथा मनुष्यों का प्राणाधार है।

आजकल इस सौर ऊर्जा को दर्पणों तथा लेंसों द्वारा ग्रहण किया जा सकता है। सूर्य प्रकाश से प्रकाश संवेदी सेलों में विद्युत् उत्पन्न होती है, जिन्हें 'सौर बैटरी' कहते हैं। इनका उपयोग अंतरिक्ष यानों में किया जाता है। आजकल सौर कुकर भी बन गए हैं, जिनसे गृहिणियाँ बिना ईंधन के भोजन पका सकती हैं। सौर ऊष्मकों द्वारा पानी गरम किया जा सकता है। इतना ही नहीं, आवश्यकता पड़ने पर सौर ऊर्जा से पवन चक्कियाँ भी चलाई जा सकती हैं।

पृथ्वी सूर्य के चारों ओर चक्कर लगाती है और उसमें इसे पूरा वर्ष लग जाता है। हम पृथ्वी के साथ सूर्य का चक्कर लगाते हैं, इसलिए सूर्य पहले आकाश के एक भाग में दिखता है और फिर दूसरे भाग में। चूँकि हमें इसका आभास ही नहीं होता कि पृथ्वी के साथ हम भी घूम रहे हैं, इसलिए हमें प्रतीत होता है कि सूर्य आकाश में पूर्व की ओर चल रहा है।

सूर्य एक वर्ष अर्थात् तीन सौ पैंसठ दिन में चक्कर लगाता है, जिसमें 360° होते हैं। इसलिए प्रतिदिन सूर्य 360/365 यानी लगभग 1° पूर्व की ओर गति करता प्रतीत होता है। वैज्ञानिकों का ऐसा मानना है कि सूर्य विगत पाँच खरब वर्षों से चमकता आ रहा है और इसी तरह अगले पाँच खरब वर्षों तक चमकता रहेगा। जब सूर्य की हाइड्रोजन गैस समाप्त हो जाएगी तो यह सिकुड़कर शीतल पिंड बन जाएगा।

हमारा सूर्य आकाशगंगा के केंद्र भाग से लगभग 30,000 प्रकाश वर्ष दूर किनारे पर स्थित है और 220 किलोमीटर प्रति सेकंड की गति से आकाशगंगा के केंद्र की परिक्रमा कर रहा है। सूर्य भी अपनी धुरी पर पश्चिम से पूर्व की ओर घूमता है। परंतु घूमने की गति एक समान नहीं रहती—कभी मंद तो कभी तेज रहती है। वस्तुतः सूर्य के धब्बों की गतिशीलता का कारण सूर्य की यह गति ही है। सूर्य की

अपनी विषुवत् रेखा पर एक चक्कर की अवधि सत्ताईस दिन है और उत्तरी-दक्षिणी ध्रुवों पर चौंतीस दिन। सूर्य के चारों ओर नौ ग्रहों, कुछ लघुग्रह तथा दो धूमकेतुओं की कक्षाओं को चित्र 4 में दरशाया गया है।

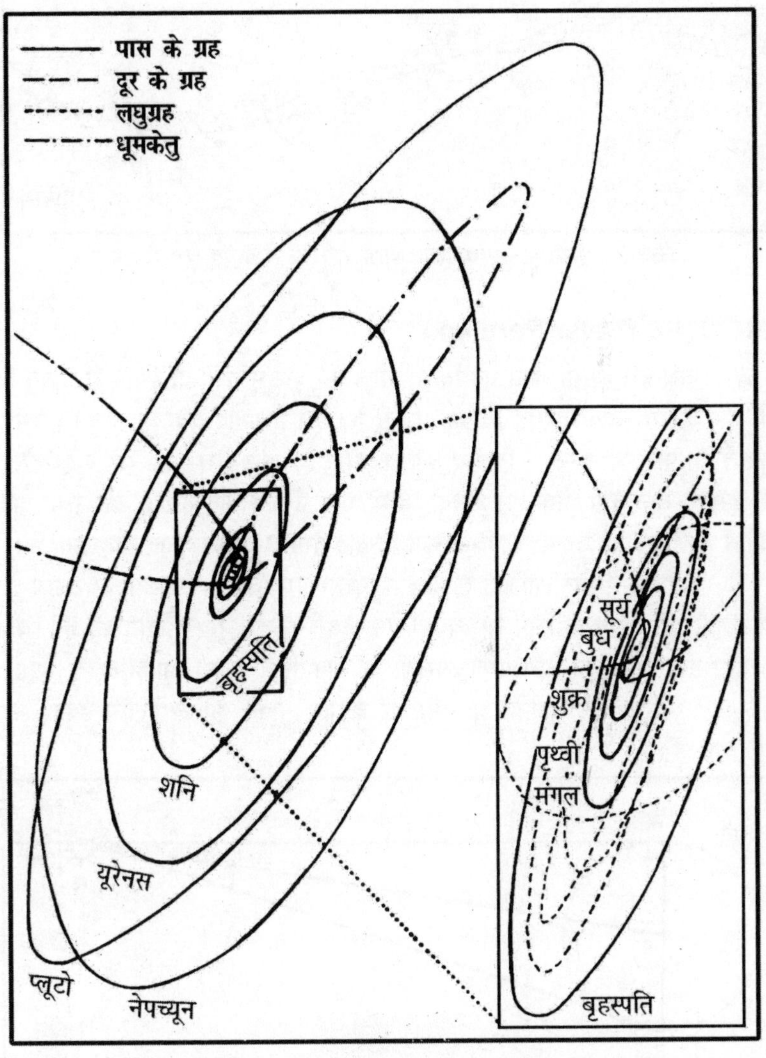

चित्र 4 : सूर्य के चारों ओर नौ ग्रह, कुछ लघुग्रह तथा धूमकेतुओं की कक्षाएँ

सूर्य के समयानुसार बारह राशियों से होकर क्रांति वृत्त में गमन को चित्र 5 में दरशाया गया है।

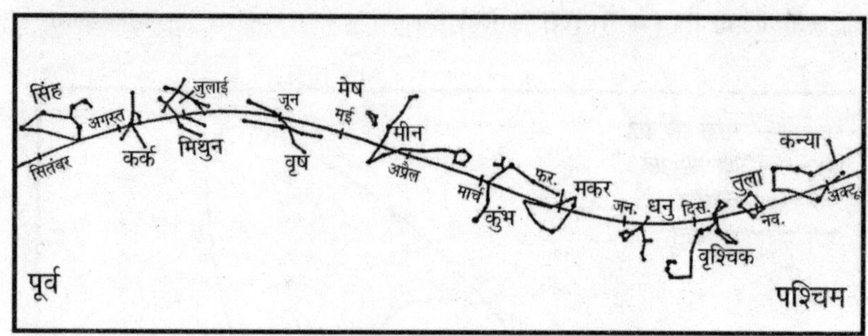

चित्र 5 : सूर्य का समयानुसार बारह राशियों से क्रांति वृत्त में गमन

सौर दिग्भेद (Solar Parallex)

जब हम किसी वस्तु को किसी चीज की पृष्ठभूमि में दो स्थान से देखते हैं तो वह अलग-अलग जगह दिखाई पड़ती है। इस विस्थापन के कोण को दिग्भेद कहते हैं। पास की वस्तु में दिग्भेद अधिक होता है, परंतु जैसे-जैसे यह सुदूर होती है, इसका मान कम होता है। अपनी किसी एक उँगली को क्रमशः बाईं तथा दाईं आँख से देखने पर उसमें जो विस्थापन दिखाई देता है वही दिग्भेद कहलाता है।

वर्तमान में त्रिकोणमिति के क्षेत्र में निरंतर हुए विकास ने पृथ्वी और सूर्य के बीच की दूरी नापने के लिए मनुष्य को एक बहुत अच्छी युक्ति प्रदान की है। चित्र 6 द्वारा इस विधि की अवधारणा समझी जा सकती है, जिसे आर्कमिडीज (287 ई.पू.-212 ई.पू.) ने सुझाया था और जो ब्रह्मांड नापने की खगोलीय इकाई का मूलाधार है।

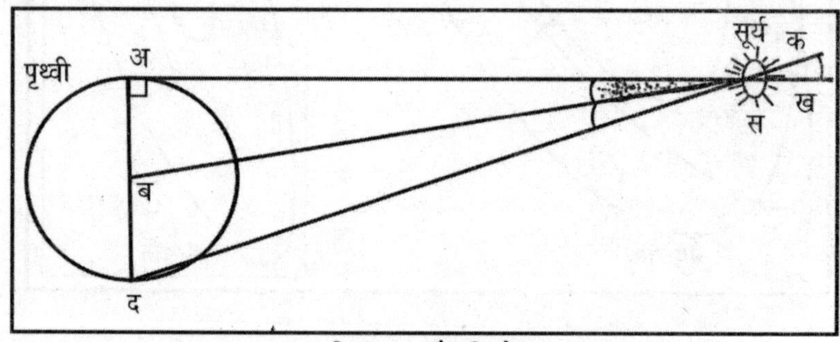

चित्र 6 : सौर दिग्भेद

ब = पृथ्वी का केंद्रबिंदु, स = सूर्य, अ = पृथ्वी पर स्थित कोई बिंदु

एरिस्टार्कस (310-230 ई.पू.) ने त्रिकोणमिति का प्रयोग करके चंद्रमा और सूर्य की दूरी की गणना की। हम सभी चंद्रमा की कलाओं से सुपरिचित हैं और जानते हैं कि ये कलाएँ पृथ्वी से चंद्रमा की सूर्य के सापेक्ष कोणीय दूरियों का ही परिणाम मात्र हैं। भारतीय पंचांगों की तिथियाँ तो चंद्रमा की सूर्य से कोणीय अंतर के 12 अंश मात्र होती हैं। इसमें अमावस्या का अर्थ है—इनके बीच की दूरी शून्य अंश और पूर्णिमा का अर्थ है—180 अंश।

सूर्यग्रहण एवं ग्रहण चक्र

मूलतः सूर्यग्रहण तीन प्रकार के होते हैं—पूर्ण या खग्रास, आंशिक एवं छल्लेदार। जब चंद्रमा एवं सूर्य का केंद्र एकदम संपाती न हो और चंद्रमा सूर्य के केवल कुछ भाग को ही ढक पाता है तो आंशिक और जब ठीक-ठीक पूरा ढक ले तो पूर्ण ग्रहण या खग्रास सूर्यग्रहण होता है। संयोग से चंद्रमा का आकार और उसकी कक्षा की दूरी ऐसी है कि कभी-कभी चंद्रमा ऐसी सटीक दूरी पर होता है कि वह पृथ्वी से देखने पर सूर्य को भलीभाँति ढक लेता है। परंतु ऐसा कभी-कभी होता है, सदैव नहीं। इसके विपरीत, जब चंद्रमा दूर होता है तो सूर्य के गोले के ऊपर एक चकती की तरह चलता हुआ दिखाई देता है, जिसे छल्लेदार (Annular) ग्रहण कहा जाता है।

प्रायः सूर्यग्रहणों के दिनों में एक खास आवृत्ति होती है। सूर्यग्रहण 18 वर्ष और 10-11 दिन (18.031 वर्ष) के बाद अपने को फिर दोहराते हैं। इस चक्र को 'सारॉस' कहा जाता है। एक अमावस्या (न्यूमून) से दूसरी अमावस्या (न्यूमून) की स्थिति में आने के लिए चंद्रमा को 29.53059 दिन लगते हैं। एक पात से दूसरे पात तक चलने में चंद्रमा को 27.21222 दिन लगते हैं। इस प्रकार 223 अमावस्या के बाद चंद्रमा अपने पात का 242 चक्कर लगाकर फिर वहीं आ पहुँचता है, इसलिए फिर उसी तरह का सूर्यग्रहण लगता है।

भारत में पूर्ण सूर्यग्रहण एक दृष्टि में—

★ 18 अगस्त, 1868

★ 22 जनवरी, 1898

★ 16 फरवरी, 1980

★ 24 अक्तूबर, 1995

★ 11 अगस्त, 1999

★ 22 जुलाई, 2009

सूर्यग्रहण एवं नेत्र रक्षा

पूर्ण सूर्यग्रहण के दौरान केवल कुछ सेकंड के लिए सूर्य को नंगी आँखों से देखना सुरक्षित होता है, क्योंकि 99 प्रतिशत सूर्यग्रहण के दौरान आंशिक अवस्थाओं में भी आनेवाले थोड़े से प्रकाश की तीव्रता इतनी अधिक होती है कि इससे आँखों को हानि पहुँच सकती है। अत: कभी भी सूर्यग्रहण की आंशिक या वलयाकार अवस्थाओं को नंगी आँखों से नहीं देखना चाहिए। आँखों को विशेष रूप से हानि अदृश्य अवरक्त विकिरणों से होती है। क्या आप जानते हैं कि सीधी आँख से सूर्य देखना क्यों खतरनाक है?

हमारे रेटिना पर सूर्य के प्रतिबिंब का आकार 0.2 मिलीमीटर की सीमा में हो सकता है। इसलिए उपलब्ध ऊर्जा रेटिना पर लगभग 0.1 मिलीमीटर अर्द्धव्यास के घेरे के क्षेत्र में केंद्रित होती है।

पृथ्वी की सतह पर आपतित सौर ऊर्जा = 1.36 कि. वाट/मी.^{2}

= 1.36×10^{-4} कि. वाट/सें.मी.^{2}

पुतली का क्षेत्र (अर्द्धव्यास 1 मि.मी.) = 0.03 सें.मी.^{2}

अत: पुतली पर आपतित शक्ति = 4×10^{-6} किलोवाट।

इस ऊर्जा का 70 प्रतिशत भाग रेटिना पर पड़ता है, इसलिए रेटिना पर आपतित शक्ति = 3×10^{-6} किलोवाट।

इस प्रकार प्रतिबिंब का आकार 0.2 मिलीमीटर व्यास का होने पर रेटिना द्वारा अवशोषित ऊर्जा 0.03 मिलीमीटर या 3×10^{-4} सेंटीमीटर^2 के क्षेत्र में केंद्रित होती है। अत: प्रतिबिंब बनने के स्थान पर केंद्रित सौर ऊर्जा = $\frac{3 \times 10^{-6}}{3 \times 10^{-4}} = 10^{-2}$ कि.वाट/सें.मी.^{2} = 10^2 कि.वाट/मी.^{2}, जो कि पृथ्वी की सतह पर आपतित सौर ऊर्जा से लगभग 100 गुना अधिक है और रेटिना पर जलन पैदा करने के लिए पर्याप्त है।

सूर्य को सीधा देखने से हुई घटनाओं में अलग–अलग लक्षण प्रकट होते हैं। कुछ की आँखें चकाचौंध होना, आँखों में जलन, प्रकाश से भय यानी फोटोफोबिया और कभी फोटोपिया यानी तेज प्रकाश से कम दिखना या क्रोमैटोप्सिया (रंगों के देखने में असुविधा) के लक्षण प्रकट होने लगते हैं। चौबीस घंटों के बाद ये विस्तीर्ण बादल एक घने स्कोटोमा के रूप में एकत्रित होने लगते हैं। ये कई सप्ताह या महीनों तक बने रह सकते हैं, जो दृश्य क्षमता को कम कर देते हैं।

पूर्ण सूर्यग्रहण के दौरान कुछ रोचक घटनाएँ भी देखने को मिलती हैं, जिनको हम आंशिक वलयाकार तथा सूर्यग्रहण में नहीं देख सकते हैं। जैसे–जैसे

ग्रहण खग्रास की ओर बढ़ता जाता है उससे ठीक 10–15 मिनट पूर्व सूर्य की रोशनी तथा तापमान कम होने लगता है। पशु–पक्षी भ्रमित होकर अपने–अपने ठिकानों को लौटने लगते हैं, रात्रि में खिलनेवाले पौधों पर फूल खिलने लगते हैं आदि। सूर्यग्रहण की विभिन्न स्थितियों को चित्र 7 में दिखाया गया है।

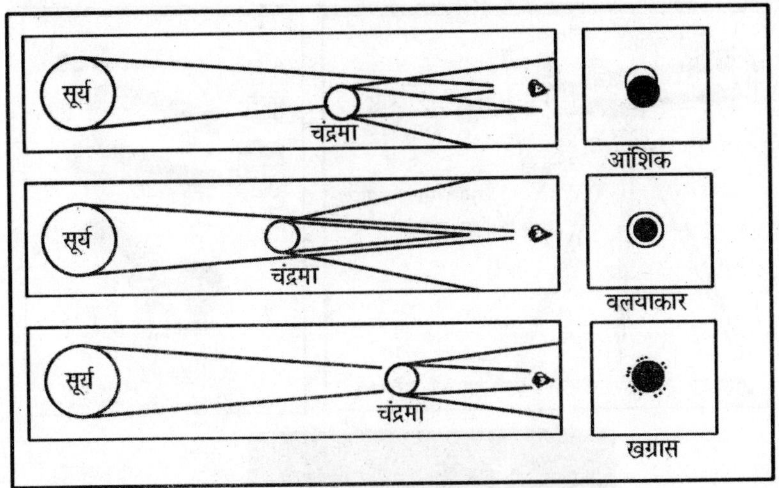

चित्र 7 : सूर्यग्रहण की विभिन्न स्थितियाँ

सूर्यग्रहण देखने हेतु सावधानियाँ

जैसा कि विदित है, चंद्रग्रहण तो रात्रि के समय होता है और सूर्यग्रहण दिन के समय। अतः प्रत्येक नागरिक को इसे देखने की लालसा रहती है। परंतु इस ग्रहण को देखते समय निम्न सावधानियाँ बरतनी आवश्यक हैं—

1. ग्रहण को शुरुआत में केवल परावर्तित प्रतिबिंब में ही देखना चाहिए।
2. ग्रहण को देखने के लिए सदैव अपनी एक आँख का ही प्रयोग करें।
3. किसी भी परिस्थिति में सोलर फिल्टर फिल्म को उँगलियों से न छुएँ, न मोड़ें अथवा न ही पोंछें।
4. पूर्ण सूर्यग्रहण को लगातार न देखें। नंगी आँखों अथवा सोलर फिल्टर के बिना आंशिक अथवा वलयाकार सूर्यग्रहण नहीं देखें।
5. सूर्यग्रहण को देखने के लिए रंगीन फिल्म, धुएँ से काले किए गए या स्मोक्ड ग्लास, धूप के चश्मे, नॉन–सिल्वर्ड ब्लैक एंड व्हाइट फिल्म फोटोग्राफिक न्यूट्रल डेंसिटी फिल्टर्स तथा पोलेराइजिंग फिल्टर्स का

उपयोग न करें, क्योंकि ये सुरक्षित नहीं होते हैं। रंगीन पानी में भी सूर्यग्रहण की परछाईं को नहीं देखना चाहिए।

सूर्यग्रहण को देखने के लिए प्रयुक्त सही तरीकों को चित्र 8 में तथा सोलर फिल्टर युक्त चश्मे को चित्र 9 में दरशाया गया है।

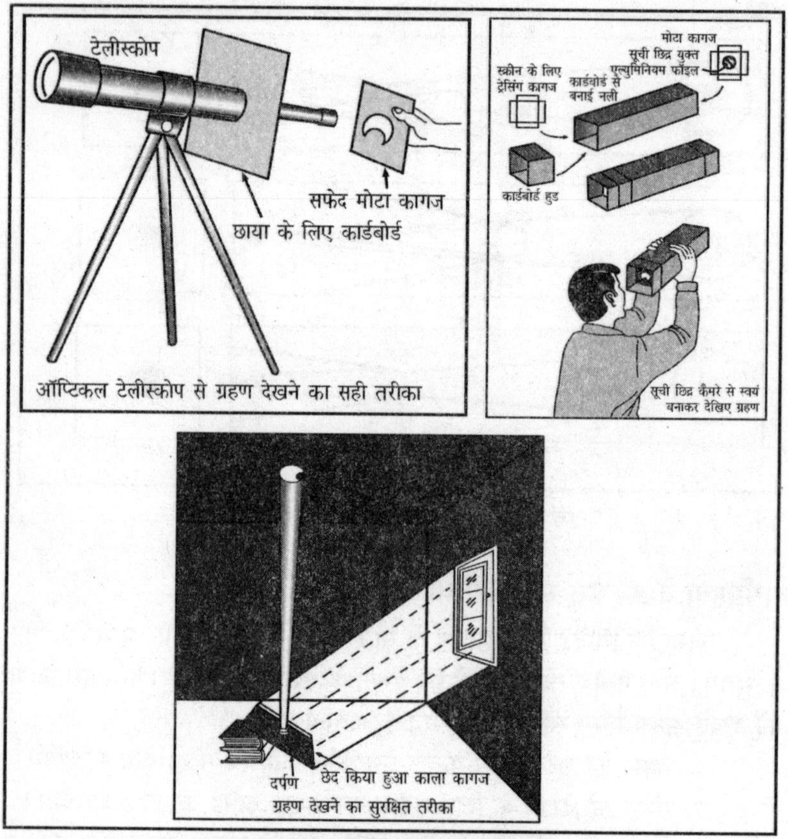

टेलीस्कोप
सफेद मोटा कागज
छाया के लिए कार्डबोर्ड
ऑप्टिकल टेलीस्कोप से ग्रहण देखने का सही तरीका
मोटा कागज
सूची छिद्र युक्त एल्युमिनियम फॉइल
स्क्रीन के लिए ट्रेसिंग कागज
कार्डबोर्ड से बनाई नली
कार्डबोर्ड हुड
सूची छिद्र कैमरे से स्वयं बनाकर देखिए ग्रहण
दर्पण
छेद किया हुआ काला कागज
ग्रहण देखने का सुरक्षित तरीका

चित्र 8 : सूर्यग्रहण देखने का सुरक्षित तरीका

ECLIPSE GOGGLES

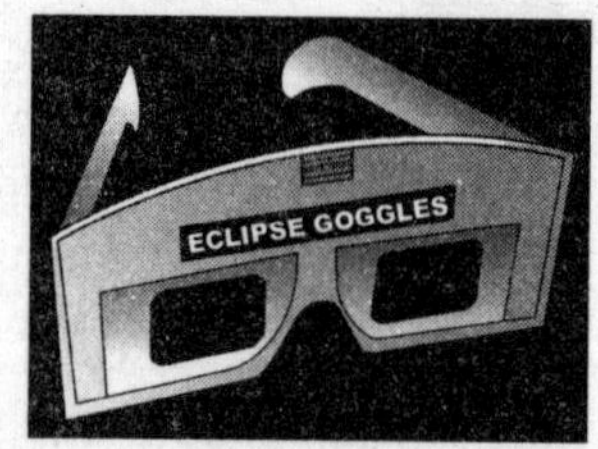

चित्र-9 : सोलर फिल्टर युक्त चश्मा

बुध

यह सूर्य के सबसे निकट एवं पहला ग्रह है। रोम के सबसे प्रभावशाली देवता के नाम पर अंग्रेजी में इसका नाम मर्करी (Mercury) रखा गया। सूर्य के निकट (लगभग 5.8 करोड़ किलोमीटर) होने से पृथ्वी से इसे देखने में कठिनाई होती है; क्योंकि एक तो इसका आकार छोटा है और दूसरा, यह पृथ्वी से दूर है। इसके अलावा भी यह सूर्य के चारों ओर अन्य सभी ग्रहों की अपेक्षा तेज गति से चक्कर लगाता है। यह गति 1,08,000 मील प्रति घंटे यानी 48 किलोमीटर प्रति सेकंड है। इस कारण बुध के दर्शन कम ही होते हैं। बुध के उत्तरी-पूर्वी भाग को चित्र 10 में दरशाया गया है।

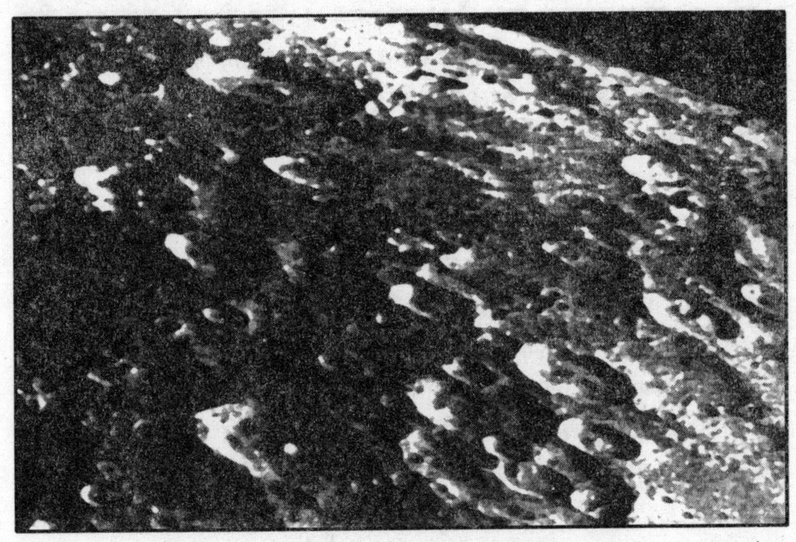

चित्र 10 : बुध का उत्तरी-पूर्वी भाग (साभार : नासा)

सूर्य के पास होने से बुध की सतह पर बहुत अधिक तापमान रहता है। बुध की सतह पर तमाम क्रेटर, पर्वत तथा बेसिन हैं। दिन में इसका तापमान 800° फॉरेनहाइट (अत्यधिक गरम) तथा रात्रि में 300° फॉरेनहाइट (अति निम्न) पर पहुँच जाता है। चंद्रमा की तरह इसकी भी सतह ऊबड़-खाबड़ है तथा तापमान में इसी तरह की विषमता रहती है। चंद्रमा तथा बुध दोनों की सतह लावा एवं राख की बनी हुई है। बुध की सतह पर वायु ताप समुद्र तल की तुलना में नगण्य है। बुध का घनत्व 5.5 है, जो पृथ्वी के समकक्ष है। इस कारण बुध के गर्भ में लौह का अस्तित्व है।

ग्रहों का पारगमन

वस्तुतः सूर्यग्रहण में चंद्रमा द्वारा सूर्य को ढाँक लिया जाता है। इसके अतिरिक्त भी दो ग्रह—बुध एवं शुक्र ऐसे हैं, जो इस प्रकार का कृत्य कर सकते हैं; क्योंकि अंदरूनी ग्रह कहे जानेवाले यही दो ग्रह ऐसे हैं जिनकी कक्षाएँ पृथ्वी तथा सूर्य के बीच पड़ती हैं। अतः सूर्य की परिक्रमा के दौरान कभी-कभी ये सूर्य तथा पृथ्वी के बीच में आते रहते हैं, जिसे ज्योतिष की भाषा में 'अंतर्युति' (Inferier Conjunction) और इसके विपरीत जब ये ग्रह पृथ्वी से सूर्य के ठीक उलटी दिशा में होते हैं तो उसे 'बहिर्युति' कहते हैं।

अतः सूर्यग्रहण की तरह ही इन अंदरूनी ग्रहों द्वारा भी सूर्यग्रहण हो सकता है; परंतु यह ग्रहण सामान्य भाषा में प्रयुक्त ग्रहण से भिन्न होता है, क्योंकि ये दोनों ग्रह—बुध एवं शुक्र (58'') पृथ्वी से इतनी दूर हैं कि इनका बिंब सूर्य (1890'') के गोले पर मात्र एक बिंदु (काले तिल के समान) जैसा ही दिखाई पड़ता है। इस कारण इसे ग्रहण न कहकर एक अलग नाम से पुकारते हैं—पारगमन, अर्थात् इस पार से उस पार जाना।

परंतु बुध एवं शुक्र के पारगमन की महत्ता का आभास एवं उसका गहन अन्वेषण जिस प्रकार आधुनिक ज्योतिष में हुआ वैसा पहले कभी नहीं हुआ था। पारगमन को नंगी आँखों से देखना कठिन है; परंतु गैलीलियो गैलिली (सन् 1564-1642) के दूरबीन की खोज के बाद पारगमनों का प्रेक्षण आसान हो गया।

बुध तथा शुक्र का पारगमन सूर्यग्रहण की ही भाँति हर अंतर्युति के समय नहीं होता, क्योंकि इनकी कक्षाएँ भी क्रांति वृत्त (पृथ्वी की कक्षा) के तल में न होकर उस पर झुकी हुई हैं। बुध एवं शुक्र की कक्षा का क्रांति वृत्त से झुकाव क्रमशः 7 अंश एवं 3.4 अंश है। बुध अपने पातों पर से 8 मई एवं 10 नवंबर के आस-पास गुजरता है। इस कारण इसके पारगमन इन्हीं तिथियों के आस-पास पड़ते हैं। बुध का पिछला पारगमन 7 मई, 2003 को हुआ था, जिसे विश्व के अनेक लोगों ने दूरबीन के माध्यम से देखा था। एक सौ पचास वर्षों (सन् 1901 से 2050) के बीच पड़नेवाले बुध के पारगमनों को सारणी-3 में दरशाया गया है।

सारणी-3

सन् 1901 से 2050 के बीच होनेवाले बुध के पारगमन

दिनांक	*यूनिवर्सल समय*	*सूर्य एवं बुध के केंद्रों की आपसी दूरी*
14 नवंबर, 1907	12 : 06	759''
7 नवंबर, 1914	12 : 02	631''
8 मई, 1924	1 : 41	85''
10 नवंबर, 1927	5 : 44	129''
11 मई, 1937	9 : 00	955''
11 नवंबर, 1940	23 : 20	368''
14 नवंबर, 1953	16 : 54	862''
6 मई, 1957	1 : 14	907''
7 नवंबर, 1960	16 : 53	528''
9 मई, 1970	8 : 16	144''
10 नवंबर, 1973	10 : 32	26''
13 नवंबर, 1986	4 : 7	471''
6 नवंबर, 1993	3 : 57	927''
15 नवंबर, 1999	21 : 41	963'' (स्पर्श मात्र)
7 मई, 2003	7 : 52	708''
8 नवंबर, 2006	21 : 41	423''
9 मई, 2016	14 : 57	319''
11 नवंबर, 2019	15 : 20	76''
13 नवंबर, 2032	8 : 54	572''
7 नवंबर, 2039	8 : 46	822''
7 मई, 2049	14 : 24	512''

सारणी-3 से विदित होता है कि ग्रहणों की भाँति पारगमनों की भी सारॉस की तरह ही कुछ वर्षों पर पुनरावृत्ति होती है; परंतु एक अलग ढंग और अलग-अलग अवधि पर। बुध का नवंबर में पड़नेवाला पारगमन 7, 13 या 33 वर्षों के बाद होता है, जबकि मई में पड़नेवाला 13 या 33 वर्षों के बाद ही होता है।

शुक्र

जो आर्यों का शुक्र है, वही यूनानियों का वीनस (Venus) है। वीनस सौंदर्य की देवी का नाम है। सूर्य और चंद्रमा के अतिरिक्त आकाश में यदि कोई तेजस्वी पिंड है तो वह शुक्र ही है। सूर्य की अनुपस्थिति में शाम को आकाश में सबसे पहले दिखनेवाला ग्रह यही है। इसे दिन में भी देखा गया है। जब यह पृथ्वी से दूर होता है तो अधिक चमकदार दिखता है।

शुक्र के वैज्ञानिक अध्ययन का इतिहास दो महान् वैज्ञानिकों—गैलीलियो एवं लोमोनोसोव से आरंभ होता है। गैलीलियो ने सन् 1610 में सर्वप्रथम इस ग्रह की कलाओं की खोज की। लोमोनोसोव ने सन् 1761 में इस ग्रह पर वायुमंडल की उपस्थिति सिद्ध की। लोमोनोसोव की खोज के पश्चात् लगभग दो शताब्दियों तक वीनस या शुक्र ग्रह संबंधी ज्ञान का विकास बहुत धीरे-धीरे हुआ।

शुक्र के चारों ओर बहुत ही घना वायुमंडल है। उसमें इतने घने बादल हैं कि यह ग्रह सफेद रुई से पूरी तरह लिपटा प्रतीत होता है—कहीं कोई छेद नहीं है। वैज्ञानिकों के अनुसार शुक्र ग्रह का एक वर्ष 2 दिन-रातों से बनता है और प्रत्येक दिन-रात पृथ्वी के 118 दिन-रात के बराबर होते हैं। शुक्र पृथ्वी से अधिक तेजी से घूमता है। इसका कोई उपग्रह नहीं है, किंतु इसमें चंद्रमा के जैसी कलाएँ देखी जाती हैं। इस दृष्टि से यह बुध की तरह है। शुक्र के तापमंडल की तली पर तापमान 470° सेंटिग्रेड पाया गया, यानी बिलकुल भट्ठी जैसी गरमी प्रेक्षित की गई। शुक्र की वायु पृथ्वी की वायु से दस गुना अधिक घनी है। अंतरिक्ष यानों द्वारा भेजी गई सूचनाओं से विदित हुआ है कि शुक्र ग्रह में चारों ओर एक जैसा रंगहीन पत्थरों से भरा मैदान है। न कहीं पानी, न कहीं कोई वनस्पति, जीवन का कहीं कोई चिह्न नहीं है। बस, निश्चल पत्थर-ही-पत्थर हैं। वहाँ प्रकाश धूमिल है, कहीं कोई छाया नहीं, हवा धुँधली है, जैसे कि उसमें हलका धुआँ उड़ रहा हो। शुक्र पर सदैव अभेद्य बादलों का मोटा परदा (70-95 किलोमीटर) पड़ा रहता है, जिसके कारण उसके पार देख पाना हमारे लिए असंभव है। इस ग्रह की खोज के लिए पायोनियर द्वारा लिये गए भूमंडल पर वर्धित शुक्र के मानचित्र को चित्र 11 अ में तथा मेरिनर-10 द्वारा लिये गए चित्र को 11 ब द्वारा दरशाया गया है।

पायोनियर द्वारा लिया गया भूमंडल पर वर्धित शुक्र का मानचित्र, जो उसके विशिष्ट गुण सही अनुपात में दरशाता है। (बायाँ और मध्य का चित्र उत्तर से तथा दायाँ चित्र दक्षिण से लिया गया है।)

चित्र 11 अ : पायोनियर द्वारा लिया गया भूमंडल पर शुक्र का चित्र

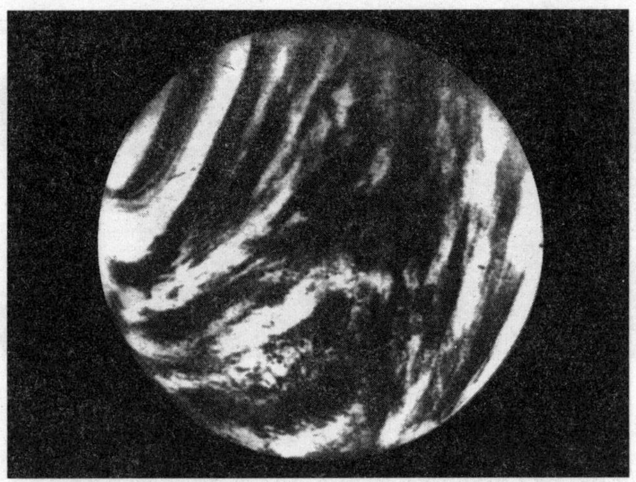

चित्र 11 ब : मेरिनर-10 द्वारा शुक्र का लिया गया चित्र

इस ग्रह की खोज के लिए अमेरिका ने 15 तथा रूस ने 10 अंतरिक्ष यान भेजे हैं। सोवियत वैज्ञानिकों के अनुसार शुक्र पर भी तूफानों की संभावना है। ग्रह के अतितप्त होने का मुख्य कारण 'वाष्पीय प्रभाव' माना गया है। कार्बन डाइऑक्साइड गैस, जो ग्रह के वायुमंडल का 95 प्रतिशत भाग है, सौर विकिरणों को सतह पर आने देता है तथा परावर्तित ऊष्मीय विकिरण को रोक लेता है। पृथ्वी के वायुमंडल की तुलना में शुक्र के वायुमंडल में आर्गन की मात्रा सौ गुना अधिक है।

शुक्र का संपूर्ण जल उसके वायुमंडल में विलीन है। लाल-तप्त सतह पर 100 वायुमंडल दाब पर द्रवित जल संभव नहीं है। पृथ्वी की अपेक्षा शुक्र के वायुमंडल में जलीय वाष्प बहुत कम है। इसका कारण यह है कि यदि शुक्र पर जल की मात्रा अधिक होती है तो उस पर कार्बन डाइऑक्साइड गैस की मात्रा इतनी अधिक नहीं होती। पृथ्वी की भाँति वह जल के साथ प्रतिक्रिया करके ठोस कार्बोनेट चट्टान बनाती। फलतः सतह पर तापमान इतना उच्च नहीं होता। यह मनुष्य के रहने के लिए सर्वथा अनुपयुक्त ग्रह है।

शुक्र पारगमन

जैसा कि वर्णित किया जा चुका है कि शुक्र या बुध में से कोई ग्रह सूर्य और पृथ्वी के बीच में आ जाता है, तब उसे पारगमन कहते हैं। यह निम्नवत् है। यह संक्रांति प्रत्येक 105½, 8, 121½, 8 तथा 105½ वर्ष में आती है। इस तरह की स्थिति सन् 1882 एवं 8 जून, 2004 को बनी थी तथा आगे 6-7 जून, 2012 को होगी।

चित्र 12 अ : शुक्र पारगमन

चूँकि बुध तथा शुक्र ग्रह पृथ्वी से बहुत दूरी पर स्थित हैं, इसलिए पारगमन के दौरान एक छोटा काला धब्बा बनाते हैं, जो सूर्य की डिस्क (Disc) को पार करने में कई घंटे लेता है। सन् 1609 में खगोलविज्ञानी जोहानेस केपलर (1571-1630) ने गणितीय रूप से यह प्रदर्शित किया कि समस्त ग्रह सूर्य के चारों ओर दीर्घ वृत्तीय (अंडाकार) कक्षा में चक्कर लगाते हैं। अपनी गणनाओं के आधार पर केपलर ने भविष्यवाणी की कि 7 दिसंबर, 1631 को शुक्र पारगमन की घटना घटित होगी। पियरे गैसेंडी ने, जो केपलर की खगोलीय सारणियों से परिचित थे, उसी वर्ष नवंबर के महीने में बुध पारगमन को देखा। परंतु उस वर्ष का शुक्र पारगमन यूरोप में नहीं दिखाई देना था और किसी अन्य स्थान से इसे देखने के लिए कोई अभियान आयोजित

नहीं किया गया था। सन् 1639 तक एक अंग्रेज पादरी तथा खगोलविज्ञानी जेरेमिया होरोक्स ने केपलर की गणनाओं का पुनः अध्ययन किया और वे इस निष्कर्ष पर पहुँचे कि शुक्र पारगमन की घटना लगभग एक सौ बीस वर्षों के अंतराल से युग्मों में घटित होती है और एक युग्म की दो घटनाओं के बीच आठ वर्षों का अंतराल होता है।

एडमंड हैली ने माना कि सूर्य की दूरी मापने के लिए पारगमन का उपयोग किया जा सकता है। केपलर के नियम से सूर्य तथा सभी ग्रहों के बीच की सापेक्ष दूरी ज्ञात करने में सहायता मिली; परंतु सही दूरियाँ ज्ञात नहीं की जा सकीं। हैली के प्रयासों के फलस्वरूप खगोलविज्ञानियों को पृथ्वी से सूर्य की दूरी का सर्वप्रथम आभास प्राप्त हुआ।

कैप्टन कुक ने न्यूजीलैंड के सागर तटीय क्षेत्र की खोज यात्रा के दौरान जून 1769 में टहिटी से शुक्र के पारगमन और उसी वर्ष नवंबर में न्यूजीलैंड की खाड़ी से बुध का पारगमन देखा। चैपडिऑटरोश ने साइबेरिया से सन् 1761 में शुक्र पारगमन का प्रेक्षण किया था। सन् 1882 के शुक्र पारगमन के दौरान येल हेलियोमीटर द्वारा सर्वप्रथम वैज्ञानिक प्रेक्षण किए गए। ये अपने समय में किए गए विश्व के सबसे बड़े प्रेक्षण थे।

8 जून, 2004 को शुक्र पारगमन की एक दुर्लभ घटना एक सौ इक्कीस वर्षों के लंबे अंतराल के पश्चात् घटी। इसे देखने की तैयारी में सारे विश्व के वैज्ञानिक जुटे थे। सारणी-4 में शुक्र के पारगमन की आवृत्तियों को तथा सारणी-5 में 8 जून, 2004 के पारगमन की भू-केंद्रित अवस्थाओं को दरशाया गया है।

सारणी-4

शुक्र के पारगमन की आवृत्तियाँ

वर्ष	*तिथि*	*पात*	*मध्यम पारगमन के समय सूर्य एवं शुक्र के केंद्रों के बीच दूरी (सेकंड में)*	*पिछले पारगमन के बाद का अंतराल (वर्षों में)*
1518	26 मई	अवरोह	505	–
1526	23 मई	अवरोह	667	8
1631	7 दिसंबर	आरोह	940	105½
1639	4 दिसंबर	आरोह	522	8
1761	6 जून	अवरोह	573	121½

1769	3–4 जून	अवरोह	608	8
1874	9 दिसंबर	आरोह	832	105½
1882	6 दिसंबर	आरोह	634	8
2004	8 जून	अवरोह	627	121½
2012	6–7 जून	अवरोह	553	8
2117	11 दिसंबर	आरोह	724	105½
2125	8 दिसंबर	आरोह	733	8
2247	11 जून	अवरोह	693	121½
2255	9 जून	अवरोह	492	8
2360	13 दिसंबर	आरोह	628	105½
2368	10 दिसंबर	आरोह	835	8

सारणी–5

8 जून, 2004 के पारगमन की भू-केंद्रित अवस्थाएँ

अवस्थाएँ	*भा.मा. समय (घं.मि.)*	*सूर्य केंद्र से स्थिति (अंशों में)*
बाह्य अंतर्गमन	10 : 43	116
आंतरिक अंतर्गमन	11 : 03	119
मध्य पारगमन	13 : 50	166
आंतरिक बहिर्गमन	16 : 37	213
बाह्य बहिर्गमन	16 : 45	216

इस वर्ष शुक्र पारगमन की घटना सुदूर पूर्वी भाग को छोड़कर पूरे एशिया, पश्चिमी भाग को छोड़कर पूरे अफ्रीका, पुर्तगाल और पश्चिमी भाग को छोड़कर ग्रीनलैंड और हिंद महासागर के अधिकांश भाग में दिखाई दी। हमारे देश में शुक्र पारगमन की विभिन्न स्थितियों को चित्र 12 ब में दरशाया गया है।

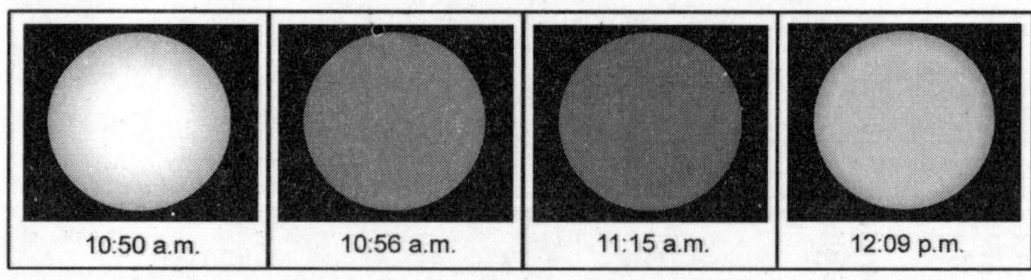

चित्र 12 ब : 8 जून, 2004 को शुक्र पारगमन की विभिन्न स्थितियाँ

शुक्र पारगमन की विशेष अवस्थाओं को चित्र 13 में दरशाया गया है।

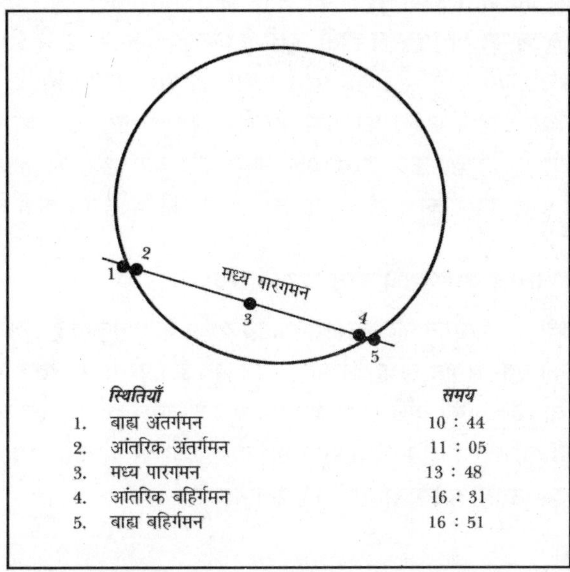

चित्र 13 : 8 जून, 2004 को शुक्र पारगमन की राजधानी में विभिन्न स्थितियाँ

जैसा कि वर्णित किया जा चुका है, शुक्र या बुध का पारगमन भी क्यों न हो, सूर्य की चकाचौंध रोशनी और हानिकारक किरणों के कारण बिना किसी सुरक्षित उपकरण के इसे नहीं देखना चाहिए।

पृथ्वी

हमारे वैदिक शास्त्रों में पृथ्वी को माता के तुल्य माना गया है। अंतरिक्ष में सूर्य से तीसरा ग्रह पृथ्वी है। यह सबसे अधिक महत्त्वपूर्ण ग्रह है; क्योंकि इसपर जीवन है—जहाँ वृक्ष, पशु तथा बुद्धिमान प्राणी मनुष्य हैं। संपूर्ण अंतरिक्ष में अभी तक पृथ्वी ही एकमात्र ग्रह है, जहाँ जीवन है, बुद्धिमान प्राणी हैं। अत: ऐसा कहा गया है कि स्वर्गवासी देवता भी पृथ्वी पर आने को आतुर रहते हैं।

पृथ्वी की संपूर्ण सतह के 70 प्रतिशत भाग पर जल है। इसपर सर्वोच्च पर्वत है, जो 8.8 किलोमीटर ऊँचा है। इसमें सबसे गहरी समुद्री खाई पैसिफिक महासागर में है, जो 11 किलोमीटर गहरी है। इसका आकार नाशपाती जैसा है। खगोलविज्ञानियों के अनुमान के अनुसार, पृथ्वी का जन्म 4.5 अरब वर्ष पूर्व हुआ था। इस ग्रह का अपना चुंबकीय क्षेत्र है, जिसमें उत्तरी तथा दक्षिणी ध्रुव हैं। यह चुंबकीय क्षेत्र

अंतरिक्ष में 60,000 किलोमीटर तक विस्तीर्ण है।

वायु का आधा अंश पृथ्वी की सतह से 6 किलोमीटर ऊपर तक भरा हुआ है। ऊँचाई बढ़ने पर वायु विरल होती जाती है। समुद्र तल से 12 से 50 किलोमीटर ऊँचाई पर 'ओजोन परत' है। यह परत पृथ्वी को सूर्य के पराबैंगनी विकिरण से बचाती है, अतः सुरक्षा कवच का काम करती है। संपूर्ण वायुमंडल का भार 5 हजार ट्रिलियन टन है। पृथ्वी का गुरुत्व बल वायुमंडल को पृथ्वी से बाँधे रखता है। अंतरिक्ष में पृथ्वी एक दुर्लभ नील तथा श्वेत मणि की भाँति चमकती देखी गई है।

पृथ्वी पर जीवन का उदय होने का कारण

पृथ्वी का तापमान जैव रासायनिक क्रियाओं के अनुकूल है। ताप के संतुलन हेतु पृथ्वी को एक समान ऊर्जा देनेवाला स्रोत सूर्य है। पृथ्वी पर इतना गुरुत्वाकर्षण है कि यह वायुमंडल को बाँधे रखता है। यह गुरुत्वाकर्षण इतना है कि चलने-फिरने में कष्ट नहीं पहुँचाता। चूँकि सारी सुविधाएँ हमें पृथ्वी पर प्राप्त हैं, इस कारण पृथ्वी पर जीवन का उदय अनेक सुयोगों का प्रतिफल है।

मंगल

यह लाल रंग का ग्रह है। 'पुराणों' में इसे 'पृथ्वी-पुत्र' (महीसुत) कहा गया है। 'महाभारत' में इसे अग्नि के समान 'लाल लोहितांग' भी कहा गया है। इस पुस्तक के आगामी पृष्ठों में इस ग्रह के बारे में विस्तृत रूप से नवीनतम जानकारी प्रदान की गई है।

बृहस्पति

यह सौर परिवार का विशालतम ग्रह है। इसकी विशालता का अनुमान इसी से लगाया जा सकता है कि यह पृथ्वी से 1300 गुना से भी अधिक बड़ा है। सूर्य की प्रदक्षिणा में इसे लगभग बारह वर्ष लग जाते हैं। इससे इसकी मंद गति का पता लगता है। ज्योतिषशास्त्र के अनुसार, जो बारह राशियाँ हैं उनमें से सिंह राशि पर यह प्रत्येक बारह वर्ष बाद आता है। उस वर्ष को 'सिंहस्थ वर्ष' कहते हैं। बृहस्पति का एक रात-दिन हमारे सत्तानबे घंटे के तुल्य होता है।

पृथ्वी की अपेक्षा बृहस्पति पर गुरुत्व बल 2.65 गुना अधिक है। इसका अर्थ है कि यदि पृथ्वी पर आपका भार 50 किलोग्राम हो तो बृहस्पति पर वह 130 किलोग्राम होगा। देहाती क्षेत्रों में बृहस्पति को 'बिफैया तारा' कहते हैं। यह श्वेत रंग

का होता है और प्रत्येक तेरह माह बाद बहुत चमकीला बन जाता है। बृहस्पति का तापमान बहुत ही कम (–138° सेंटिग्रेड) है। इसपर पानी के बादल होने की संभावना नहीं है। इसपर केवल मीथेन गैस की अधिकता है, जो इस निम्न ताप पर भी बनी रहती है।

बृहस्पति अपने तमाम चंद्रमाओं के साथ छोटे सौरमंडल जैसा लगता है। इसके चंद्रमाओं में से चार बहुत बड़े हैं, जिन्हें सबसे पहले सन् 1610 में गैलीलियो ने देखा था। इनमें से एक हमारे चंद्रमा के बराबर है। शेष चंद्रमा छोटे हैं। वॉयजर–1 द्वारा बृहस्पति के लिये गए चित्र को चित्र 14 में दरशाया गया है।

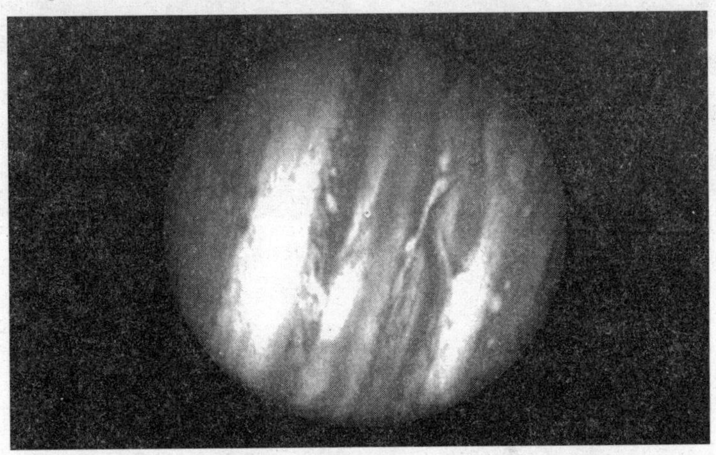

चित्र 14 : वॉयजर–1 द्वारा बृहस्पति का लिया गया चित्र

पायनियर–10 से मिले आँकड़ों से पता चला है कि बृहस्पति का चुंबकीय क्षेत्र कई लाख किलोमीटर तक विस्तीर्ण है, फलस्वरूप बृहस्पति के चारों ओर प्रबल विकिरणों का जमाव है। यहाँ तक पहुँचने के पूर्व मनुष्य की मृत्यु हो जाएगी।

वैज्ञानिकों की अवधारणा है कि बृहस्पति की वायु में यदि साँस लेने का प्रयास किया जाए तो मनुष्य तुरंत मर जाएगा। ऐसा इसलिए है, क्योंकि यहाँ की वायु में हीलियम, हाइड्रोजन तथा मीथेन तो हैं, परंतु प्राणदायिनी ऑक्सीजन का अभाव है। इस ग्रह पर कार्बन डाइऑक्साइड तथा नाइट्रोजन भी नहीं हैं। कहीं–कहीं पर सड़े अंडे जैसी गंध है, जो हाइड्रोजन सल्फाइड के कारण है। वैज्ञानिक सोच रहे हैं कि ऐसा केवल कार्बनिक पदार्थ के सड़ने से ही हो सकता है। मार्च 1979 में वॉयजर–1 द्वारा बृहस्पति और उसके उपग्रहों के चित्रों के संकलन को चित्र 15 में दरशाया गया है।

चित्र 15 : मार्च 1979 में वॉयजर-1 द्वारा बृहस्पति एवं उसके उपग्रहों के चित्रों का संकलन

शनि

हमारे देश में शनि को क्रूर ग्रह भी कहते हैं तथा इसकी साढ़ेसाती से सभी भयाक्रांत हैं। सौर परिवार के नौ ग्रहों में बृहस्पति के बाद दूसरा बड़ा ग्रह शनि है। सूर्य से दूरी के हिसाब से यह छठा ग्रह है। यह अपनी कक्षा में अपेक्षाकृत धीमी गति (9.66 कि.मी. प्रति सेकंड) से चलता है। इस ग्रह द्वारा सूर्य की धीमी गति से परिक्रमा करने के कारण इसे 'शनैःचर' या 'शनिश्चर' कहते हैं। रोमवासी इसे कृषि का देवता भी मानते हैं (सैटनर्स)। उसी से इसका नाम 'सैटर्न' पड़ा है।

शनि का व्यास 1,20,536 किलोमीटर है। देखने से शनि ग्रह अपने ध्रुवों पर फ्लैट (चपटा) प्रतीत होता है तथा इसके कारण यह अपनी अक्ष रेखा पर बड़ी तेजी से घूमता है। इसका एक दिन 10 घंटे 30 मिनट का होता है। इसे सूर्य का एक चक्कर लगाने में 29.5 पृथ्वीवर्ष लगते हैं। इसके वायुमंडल में कई क्षेत्र हैं। ध्रुवों पर भी यह चपटा है तथा यह भी रेडियो संकेत उत्सर्जित करता है। शनि ग्रह को चित्र 16 में दरशाया गया है।

चित्र 16 : शनि ग्रह

शनि मुख्य रूप से हाइड्रोजन और हीलियम गैस से निर्मित है। शनि का आंतरिक भाग गरम है। शनि को जितनी ऊर्जा सूर्य से मिलती है, यह उससे अधिक ऊर्जा अंतरिक्ष में विकरित करता है। शनि की विषुवत् रेखा के समीप ऊपरी वायुमंडल में हवाएँ 1800 कि.मी. प्रति घंटा तक की गति पकड़ सकती हैं। शनि का विशिष्ट घनत्व 0.7 है। अतः इसका घनत्व इतना कम है कि यदि इसे किसी महासागर में डालना संभव हो तो यह उसमें तैरने लगेगा।

शनि को चारों ओर से घेरे छल्लों ने इसे सौर परिवार का सबसे सुंदर सदस्य बना दिया है। ये अँगूठियाँ (वलय) बहुत मोटी नहीं हैं तथा सदैव एक जैसी नहीं रहती हैं। ये अँगूठियाँ अति सूक्ष्म से लेकर एक मीटर तक के हिम कणों से बनी हैं और ये शनि ग्रह के चारों ओर घूमती हैं।

सबसे पहले गैलीलियो ने अपनी दूरबीन से 1610 ईसवी में शनि के वलयों को देखा था। इन वलयों की जैसे-जैसे खोज होती गई, इन्हें क्रम में अंग्रेजी वर्णमाला के पहले अक्षर से शुरू करके जैसे 'ए', 'बी', 'सी', 'डी', 'ई', 'एफ' एवं 'जी' नाम दिए गए। इनमें से 'बी' अँगूठी सबसे अधिक चमकदार है। इस अँगूठी की चौड़ाई 26,000 किलोमीटर है और इसका बाहरी व्यास 2,35,000 किलोमीटर है। वॉयजर-1 द्वारा खींचे गए शनि एवं इसके उपग्रहों को चित्र 17 में दरशाया गया है।

चित्र 17 : शनि एवं उपग्रह के वॉयजर द्वारा लिये गए चित्र

शनि का कैसिनी मिशन

शनि ग्रह के विषय में महत्त्वपूर्ण जानकारी प्राप्त करने हेतु कैसिनी मिशन की स्थापना की गई। यह मिशन अमेरिकी अंतरिक्ष संस्थान नासा, यूरोपीय अंतरिक्ष संस्थान ईसा और इटली के अंतरिक्ष संस्थान का संयुक्त प्रयास है। कैसिनी अंतरिक्ष यान लगभग सात वर्षों में 3.5 अरब किलोमीटर की यात्रा पूरी करके 1 जुलाई, 2004 को शनि की कक्षा में पहुँच गया है। कैसिनी-हॉइगेंस अंतरिक्ष यान को 15 अक्तूबर, 1997 को टाइटन-IV बी/सेंटोर रॉकेट के द्वारा केप कैनेवरल एयर फोर्स स्टेशन, अमेरिका से छोड़ा गया था। कैसिनी ने 11 जून, 2004 को शनि के उपग्रह फीबी के पास से गुजरते हुए इसके चित्र 18, 19 एवं 20 भेजे हैं।

चित्र 18 : कैसिनी द्वारा लिये गए इस चित्र में शनि के वलयों पर शनि की छाया दिखाई दे रही है

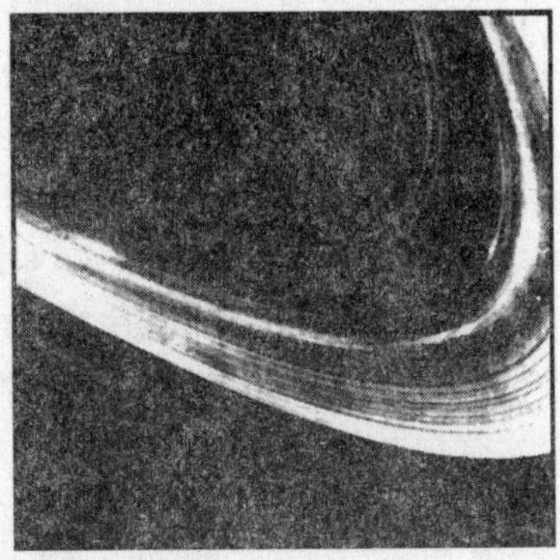

चित्र 19 एवं 20 : कैसिनी द्वारा भेजे गए शनि के चित्र
(साभार आविष्कार)

शनि के उपग्रह टाइटन और शनि के वलयों के खोजकर्ता हॉलैंड के क्रिस्चन हॉइगेंस (1629-1695) के नाम पर टाइटन पर उतरनेवाली अन्वेषिका अर्थात् प्रोब को 'हॉइगेंस' नाम दिया गया है। कैसिनी में लगे सुदूर संवेदन यंत्रोपकरण अत्यधिक दूरी से भी मापन करने में सक्षम हैं। इनमें प्रकाशित और सूक्ष्म तरंग संवेदन यंत्र हैं, जिनमें कैमरे, स्पेक्ट्रोमीटर, राडार एवं रेडियो सम्मिलित हैं। आशा की जाती है कि आगामी वर्षों में कैसिनी हॉइगेंस के माध्यम से शनि के विषय में कई महत्त्वपूर्ण जानकारियाँ प्राप्त होंगी।

बाह्य तीन ग्रह

ये ग्रह क्रमशः अरुण (Uranus), वरुण (Neptune) तथा यम (Pluto) हैं। पहले शनि को ही बाह्यतम ग्रह माना जाता रहा तथा अठारहवीं सदी तक यही मान्यता भी रही। परंतु 13 मार्च, 1781 को हर्शेल ने नए ग्रह की खोज की। पहले इसे 'जार्जियन स्टार' नाम दिया गया; परंतु जर्मन खगोलविज्ञानी जोनन एलर्ट बोर्डे ने इसे 'यूरेनस' नाम दिया। सन् 1841 में कूच एडम्स ने नेप्च्यून की खोज की। प्यूटो की खोज सन् 1930 में हुई।

यूरेनस

यूरेनस को हर्शेल का पुच्छल तारा भी कहते हैं। यह चौरासी वर्ष में सूर्य का एक चक्कर लगता है और इसका व्यास लगभग 50,000 कि.मी. है। इसके पाँच उपग्रहों की जानकारी सन् 1948 तक हो गई थी। वॉयजर-2 के द्वारा सन् 1986 में

इस ग्रह के विषय में महत्त्वपूर्ण जानकारी प्राप्त हुई। इसके अनुसार यूरेनस की तीन परतें हैं—1. पृथ्वी के आकार की भारी व चट्टानों से भरी केंद्रीय क्रोड, 2. क्रोड को घेरे हजारों कि.मी. मोटी पानी, मीथेन एवं अमोनिया की परत तथा 3. हजारों कि.मी. तक फैला हाइड्रोजन-हीलियम का वायुमंडल। यह सौरमंडल का तीसरा सबसे बड़ा ग्रह है, जो पृथ्वी से 64 गुना बड़ा है।

यूरेनस के घने वायुमंडल में 350 कि.मी. प्रति घंटे की गति से अंधड़ चलते हैं। इस ग्रह पर ताप 0 से 190° सेंटिग्रेड नीचे रहता है और दिन 16-17 घंटे का रहता है। यूरेनस को चित्र 21 में दरशाया गया है।

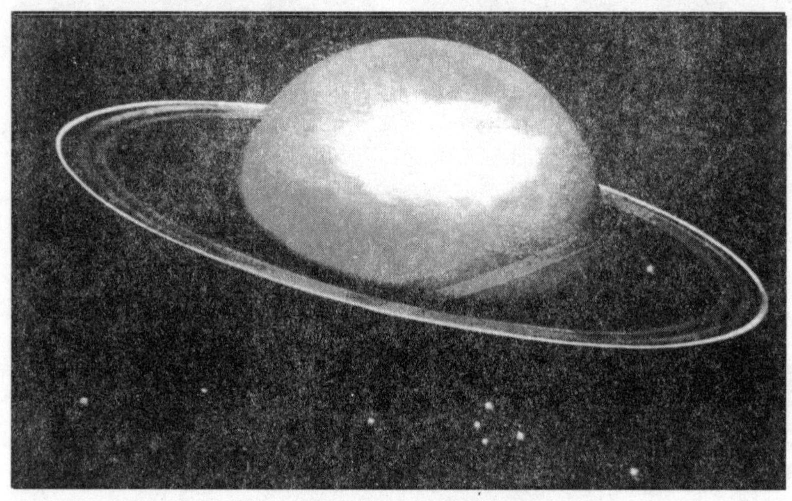

चित्र 21 : यूरेनस के वलय

वॉयजर-2 ने यूरेनस के छठे उपग्रह के बारे में 8 जनवरी, 1986 को ही जानकारी दे दी थी। इसके पहले से ज्ञात पाँच उपग्रह—मिरांडा, एरील, एंब्रियल, टिटानिया और ओबेरान में ओबेरान सबसे बड़ा है। इन पाँचों उपग्रहों को क्रमशः चित्र 22 में दरशाया गया है।

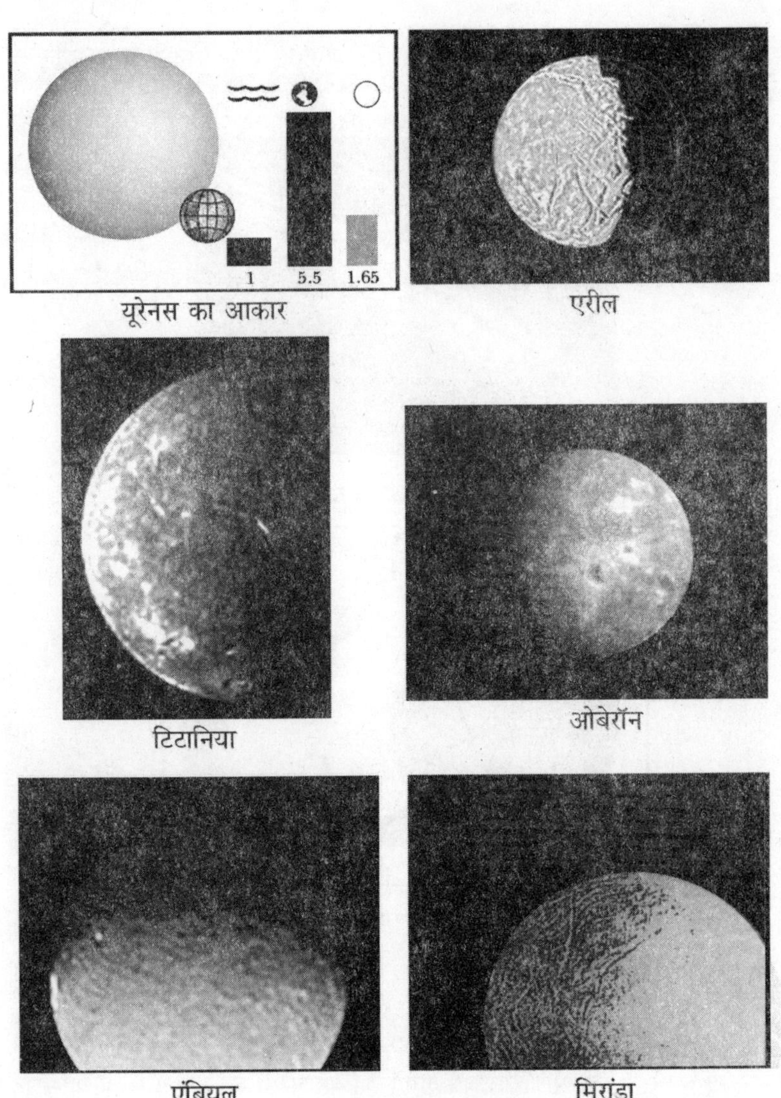

चित्र 22 : यूरेनस के उपग्रह

वॉयजर-2 ने यूरेनस के छह और उपग्रहों के बारे में सूचना दी है और इस प्रकार पंद्रह उपग्रहों का पता चला है। खगोलविदों का अनुमान है कि यूरेनस के इर्द-गिर्द कई उपग्रह हो सकते हैं। यूरेनस के वलयों के बारे में वैज्ञानिकों का मानना

है कि वे उसके उपग्रहों के खंडित टुकड़े हैं। वॉयजर-2 से यूरेनस के वलयों तथा घूर्णन के चित्रों को क्रमश: चित्र 23 एवं 24 में दरशाया गया है।

चित्र 23 : यूरेनस के वलयों का वॉयजर द्वारा लिया गया चित्र

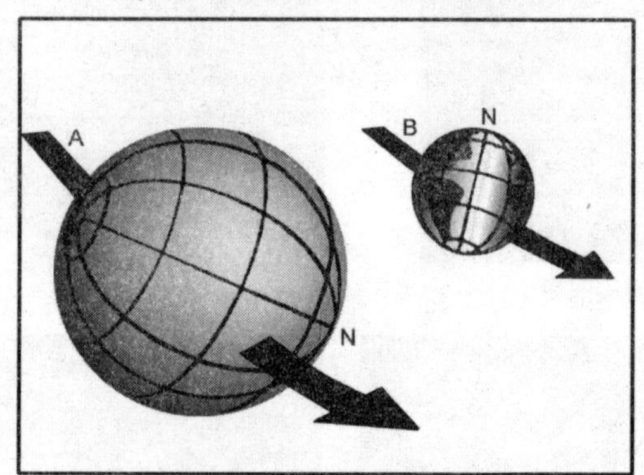

चित्र 24 : यूरेनस का घूर्णन

नेप्च्यून

सूर्य से वरुण की दूरी 4,50,00,00,000 किलोमीटर है। इसे सूर्य की प्रदक्षिणा करने में एक सौ पैंसठ वर्ष लगते हैं। यह पृथ्वी की तुलना में आधा सघन है। दूरबीन से वरुण का मंडल (चकती) हरा रंग लिये दिखता है। यह आँख से नहीं दिखाई देता है। वरुण के दो चंद्रमा हैं। एक का नाम 'ट्राइटन' (समुद्री देवता) है और दूसरे का 'नेरीड' (समुद्री परी) है, जिसकी खोज सन् 1949 में की गई; यह ट्राइटन से छोटा है। नेप्च्यून या वरुण के उपग्रह ट्राइटन से दिखनेवाले वरुण को चित्र 25 में दरशाया गया है।

चित्र 25 : वरुण के उपग्रह ट्राइटन से वरुण का दृश्य

प्लूटो

यह सबसे रहस्यमय ग्रह है। यह अत्यंत मंद ज्योतिवाला भी है। प्लूटो सूर्य से 6,00,00,00,000 किलोमीटर की दूरी पर है। इसका ताप अत्यंत कम –220° सेंटिग्रेड है। अभी तक इसके एक चंद्रमा का पता चला है, जिसका नाम 'चैरान' है। यह यम से 20,000 किलोमीटर की दूरी पर है। प्लूटो की कक्षा बहुत दीर्घ वृत्ताकार होती है। प्लूटो की अपसूर्य दूरी उसकी उपसूर्य दूरी की अपेक्षा 65 प्रतिशत अधिक है। उसकी औसत दूरी यद्यपि पृथ्वी से चालीस गुना है, तथापि उपसूर्य अर्थात् कम-से-कम दूरी तीस गुना से भी कम होती है। ऐसी स्थिति में प्लूटो सूर्य से नेप्च्यून की अपेक्षा समीप आ जाता है। वस्तुत: सन् 1992 के लगभग ऐसी ही स्थिति थी। आज से एक सौ बीस वर्षों में प्लूटो उसकी अपसूर्य स्थिति के पास पहुँचेगा, तब वह सूर्य से पृथ्वी की अपेक्षा पचास गुना दूर चला जाएगा।

यूरेनस, नेप्च्यून तथा प्लूटो के बारे में एकत्रित की गई जानकारी को सारणी-6 में दरशाया गया है।

सारणी-6

यूरेनस, नेप्च्यून तथा प्लूटो के संबंध में जानकारी

जानकारी	अरुण	वरुण	प्लूटो
खोज का वर्ष (ईसवी सन्)	1781	1846	1930
व्यास (कि.मी.)	50,800	48,600	2,245
द्रव्यमान, पृथ्वी की एकक में (किलोग्राम)	14.5 8.66×10^{25}	17.2 1.0×10^{26}	1/439 1.4×10^{22}
सूर्य से औसत दूरी सूर्य-पृथ्वी दूरी की एकक में (करोड़ किलोमीटर में)	 19.22 287.5	 30.11 450.4	 39.46 590.3
सूर्य के चारों ओर परिक्रमा काल (वर्ष)	84.01	164.8	248.5
कक्षा का क्रांतिवृत्त के साथ कोण (अंश)	0.772	1.771	17.5
घूर्णन काल	15.6 घंटे	18.4 घंटे	6.39 दिन
घूर्णन अक्ष का परिक्रमण प्रतल के लंब से कोण (अंश)	97.86	29.56	1/8
कक्षा में औसत वेग (कि.मी./सेकंड)	6.81	5.45	4.73
अधिकतम तापमान (अंश सेल्सियस)	−220	−210	−205
प्रकाश परावर्तन का अनुपात (प्रतिशत)	51	41	30
वायुमंडल	मीथेन, हाइड्रोजन	अमोनिया, मीथेन	मीथेन
उपग्रहों की संख्या	15	8	1

प्लूटो का व्यास लगभग 2320 कि.मी. है। सौरमंडल के निकटतम ग्रह जैसे बुध, शुक्र, पृथ्वी तथा मंगल तो मुख्यत: चट्टानों से बने हैं, किंतु दूर के ग्रह जैसे

बृहस्पति, शनि, यूरेनस एवं नेप्च्यून गैस से बने हैं। प्लूटो का आधा भाग चट्टानी तथा शेष आधा भाग बर्फ का बना हुआ है। इस प्रकार बनावट में प्लूटो अपने पड़ोसी ग्रहों से भिन्न है। इसका औसत तापमान 0 से 236 डिग्री से कम है। इस प्रकार इसकी बर्फीली सतह पर 98 प्रतिशत जमी हुई नाइट्रोजन उपस्थित है। इसके अलावा इसमें जमी हुई मीथेन गैस तथा कुछ अंश में कार्बन मोनोऑक्साइड भी है। प्लूटो पर अत्यंत पतला वातावरण भी है।

सबसे विचित्र बात प्लूटो का परिक्रमा पथ है, जो वृत्ताकार न होकर दीर्घ वृत्ताकार है। सूर्य की परिक्रमा में प्लूटो 249 वर्षों का समय लेता है। प्लूटो ग्रह को चित्र 26 में दरशाया गया है।

चित्र 26 : प्लूटो ग्रह

प्लूटो के एक मात्र उपग्रह चेरान का व्यास 1270 कि.मी. है और इस प्रकार आकार में यह प्लूटो का लगभग आधा है। चेरान की सतह भी अधिकतर जमी हुई नाइट्रोजन है, किंतु उसमें जमे हुए जल कण भी हैं तथा इसकी सतह अपेक्षाकृत कम चट्टानी है।

□

कल्पना-लोक का मंगल

खगोलविज्ञान के मंगल ग्रह के अलावा कल्पना-लोक का एक और 'मंगल' भी है। विगत वैभव एवं गौरव से पूर्ण संसार, जहाँ एक प्राचीन सभ्यता के खंडहर समस्त ग्रह की पृथ्वी को घेरती असंख्य सिंचाई नहरों के आस-पास प्रचुर मात्रा में स्थित हैं। सांध्य (सायंकालीन) आकाश में मंगल की लाल चमक से प्रभावित हो प्राचीन चाल्डीयनों तथा बाद में रोमनों ने मंगल को 'युद्ध का देवता' बना दिया। खगोल-वैज्ञानिकों ने जब यह निश्चित कर दिया कि मंगल भी वास्तव में अलग धरती और संसार है तो कवियों एवं लेखकों के लिए यह 'प्यारे परदेसियों का देश' बन गया, जो इतना पास था कि उनसे 'ब्रह्मांडीय दुआ-सलाम' भी की जा सकती है।

सन् 1820 में जर्मन गणितज्ञ कार्ल गॉस ने मंगलवासियों का ध्यान आकर्षित करने के लिए साइबेरिया में एक विशाल तिकोने खेत में गेहूँ उपजाने का प्रस्ताव रखा, जिसकी तीनों भुजाओं के साथ-साथ चीड़ के वृक्ष लगाए गए हों। फ्रांस के निवासी चार्ल्स क्रॉस ने एक विशाल दर्पण बनाने का सुझाव दिया, जिससे मंगल की सतह पर सूर्य के प्रकाश को परावर्तित किया जा सके। सन् 1899 में डॉ. निकोलाई टेस्ला नामक वैज्ञानिक ने अमेरिका में पाइक पीक, कोलरेडो के समीप स्थित अपनी प्रयोगशाला से वास्तव में मंगलवासियों से बात करने का प्रयास किया। उन्होंने 70 फीट व्यासवाली एक विद्युत् कुंडली से शक्तिशाली विद्युत् चुंबकीय तरंगें उत्पन्न कीं। 7 करोड़ 84 लाख किलोमीटर दूर मंगल को संदेश भेजना तो बहुत दूर की बात थी, इससे वे आस-पास के केवल 40 किलोमीटर के क्षेत्र में विद्यमान बिजली के बल्ब जला पाने में ही सफल हो पाए।

उपर्युक्त सब कल्पनाओं को इटली के खगोलविज्ञानी डॉ. गिओनानी शियापरेली ने आधार प्रदान किया। सन् 1877 में इटली के मिलान नगर के बाहर एक नए

टेलीस्कोप से वे उस समय मंगल को निहार रहे थे जब मंगल पृथ्वी के अति समीप आया हुआ था। उन्होंने मंगल की सतह पर इकहरी और दोहरी रेखाओं का जाल-सा देखा (चित्र 27), जो समग्र ग्रह को आड़े-सीधे काटती प्रतीत हो रही थीं। उन्होंने उनका नामकरण इटैलियन भाषा में 'केनाली' (Canali) किया। अंग्रेजी भाषियों ने शीघ्र ही इस शब्द को नहरें (Canals) मान लिया।

चित्र 27 : मंगल की नहरें

जब मंगल पर नहरें हैं तो उन्हें बनानेवाले मानव भी वहाँ होने चाहिए और इस कुतर्क ने मंगल की कहानी को कहाँ-से-कहाँ पहुँचा दिया। वस्तुत: इतालवी भाषा में केनाली का तात्पर्य 'जलवाहिका' होता है।

चित्र 28 : पर्सीवल लावेल

बोस्टन निवासी पर्सीवल लावेल (चित्र 28), जो कूटनीतिज्ञ होते हुए भी खगोलविज्ञान में गहन रुचि रखते थे, ने बताया कि मंगल की नहरें एक अति उन्नत सभ्यता की द्योतक हैं और ये मंगल की शुष्क धरती की सिंचाई के लिए खोदी गई हैं, जिनमें पानी उस ग्रह के ध्रुवों पर जमी बर्फ को पिघलाकर लाया जाता है। लावेल ने इस विषय पर कई पुस्तकें भी प्रकाशित कीं।

पर्सीवल लावेल ने फ्लेग स्टाफ, एरीजोना (संयुक्त राज्य अमेरिका) में एक खगोलविज्ञान वेधशाला स्थापित की। उन्होंने सौरमंडल में नौवें ग्रह की उपस्थिति की परिकल्पना की थी। उन्हीं की परिकल्पना पर कार्य करके सन् 1930 में प्लूटो ग्रह की खोज हुई थी। उक्त निष्कर्षों पर शंका प्रकट करनेवाले अन्य खगोलविज्ञानियों की चिंता किए बिना लावेल एवं उनके सहयोगी मंगल की नहरों और उनके संगम स्थलों पर बसे 'नगरों' का अंकन करते रहे। मंगल के मानचित्र में उन्होंने विभिन्न स्थलों को 'यूटोपियो' और 'एलाइसियम' जैसे सुंदर नाम भी देने शुरू कर दिए। वे 'स्टाइक्स' तथा 'अटलांटिस' नाम की काल्पनिक नदियों के किनारे बसे बताए गए। लावेल को अपनी इस कल्पना पर इतना विश्वास था कि उन्होंने उसकी कुल दृश्य नहरों को भी गिन डाला और उनकी संख्या चार सौ सैंतीस बताई। इनमें से अधिकांश की खोज लावेल के खगोलविज्ञानियों ने ही की थी। उन्होंने जीवनधारक मंगल ग्रह पर 'मार्स ऐज द एबोड ऑफ लाइफ' (जीवन के आवास के रूप में मंगल) नामक पुस्तक भी लिखी। उनका मानना था कि 'मंगल की ये नहरें ही नहीं, अपितु पृथ्वी और मंगल के बीच के लाखों मील व्यापी शून्य के पार मानव मन को आकर्षित करनेवाले सूत्र हैं।'

उस शून्य के पार आकर्षित होनेवाले अन्य व्यक्तियों में एडगर राइस बरोज मुख्य थे। ये वे ही बरोज थे, जिन्होंने तत्कालीन प्रसिद्ध फिल्मी पात्र 'टारजन' का सृजन किया था। उन्होंने 'द प्रिंसेस ऑफ मार्स' (मंगल की राजकुमारी) जैसी पुस्तकों में जॉन कारटर नामक एक चरित्र के साहसिक कारनामों का वर्णन किया है, जो खुले मैदान में खड़े होकर वहाँ जाने की बात सोचने मात्र से मंगल पर पहुँच जाता था। बरोज ने मंगल का नाम अपनी पुस्तकों में 'बारसूम' रखा था। उसने लिखा है कि 'जैसे-जैसे मंगल की नहरें सूखती जा रही हैं, उन प्राचीन निवासियों और उसके साथ-साथ मंगल ग्रह की मृत्यु होती जा रही है।' स्वयं बरोज ने अपने समय के वैज्ञानिकों और लेखकों को भी मंगल के बारे में काल्पनिक कहानियाँ लिखने को प्रोत्साहित किया।

यह नहीं कि मंगल पर केवल पृथ्वीवासी ही पदार्पण करने की चेष्टा करते रहते थे। कभी-कभी मंगलवासी भी पृथ्वी के भ्रमण पर निकलते थे। 30 अक्तूबर, 1938 को सी.बी.एस. पर 'मरक्यूरी थिएटर ऑन दि एअर' नामक कार्यक्रम सुननेवाले यही समझ रहे थे कि वे मंगलवासियों के पृथ्वी पर आक्रमण का आँखों देखा हाल देख रहे हैं। इसमें किरण तोपों से पृथ्वी की सेना को नष्ट किए जाने का रोमांचक ब्योरा भी प्रस्तुत किया गया था। वस्तुतः यह अंग्रेजी साहित्य के प्रसिद्ध वैज्ञानिक

परिकथा लेखक हारबर्ट जॉर्ज वेल्स की विख्यात पुस्तक 'वार ऑफ द वल्ड्र्स' का ओर्सन वेल्स द्वारा तैयार किया गया रेडियो रूपांतर था।

रूस के लेखक भी 'मंगल ज्वर' से पीड़ित होने से नहीं बचे हैं। सन् 1955 में एक सोवियत खगोलविज्ञानी को पूरे रूस में फैली इस अफवाह का खंडन करने के लिए बाध्य होना पड़ा कि 'मंगलवासियों ने पृथ्वी पर आक्रमण कर दिया है।'

जैसा कि वर्णन किया जा चुका है कि वैज्ञानिकों ने भी इस कल्पना-लोक को बनाए रखने में अपनी भूमिकाएँ निभाई हैं। उदाहरण के लिए, रूसी वैज्ञानिक जोसफ श्लोवस्की ने मंगल के चाँद (उपग्रह) डि मोस की कक्षा का आकलन करते हुए बताया कि उसके खोखला होने की संभावना है। साथ ही वह कृत्रिम उपग्रह भी हो सकता है।

मंगल की नहरों की कपोल-कथा पैलोमर माउंटेन पर स्थित 200 इंच व्यासवाले विशाल टेलीस्कोप ने चकनाचूर कर दी। परंतु कुछ हठधर्मी उपन्यासकारों ने तब तक हार नहीं मानी जब तक कि सन् 1965 में मेरिनर यान मंगल के पास से उड़ता हुआ नहीं गुजर पाया। उसने चंद्रमा के समान खाई, खड्डों से युक्त तथा निर्जीव प्रतीत होनेवाली मंगल की धरती के चित्र पृथ्वी पर भेजे और उनसे यह सिद्ध कर दिया कि मंगल पर किसी भी प्रकार का कोई जीव नहीं पनप सकता। उसके बाद भी पर्सीवल लावेल की धरोहर कायम रही। भू-विज्ञानी बूसमरे ने सन् 1971 में शिकायत की, 'हम चाहते हैं कि मंगल भी पृथ्वी जैसा ही हो।' मंगल पर जीवन की तलाश करने के लिए भेजे गए अंतरिक्ष यानों का ऊष्मा जीवाणुनाशन या निष्कीटन किया गया, जिससे पृथ्वी का कोई सूक्ष्म जीव मंगल के जीवों में किसी रोग का संचार न कर दे।

□

ज्योतिषशास्त्र में मंगल

मंगल को 'पृथ्वी-पुत्र' कहा गया है और मंगल के संबंध में की गई आधुनिकतम खोजों में भी यही संकेत मिलता है कि मंगल अतीत में कभी पृथ्वी का हिस्सा था। मंगल के अनेक नाम हैं, यथा—'लोहितांग', 'कुंज', 'भौम' आदि।

ज्योतिषशास्त्र में मंगल को सेनापति का पद दिया गया है। इस विज्ञान के अनेक आचार्यों ने मंगल के मूल स्वरूप का वर्णन किया है। सभी ने इसे रक्तवर्णी, तेजस्वी, वीर, पराक्रमी, क्रूर के साथ ही उदार भी माना है। मंगल शक्ति का प्रतीक है। इसका रंग लाल है। यह ग्रह अग्नि तत्त्व का है तथा इसे नैसर्गिक रूप से क्रूर ग्रह कहा गया है।

मंगल के नक्षत्र हैं—मृगशिरा, चित्रा एवं धनिष्ठा और राशियाँ हैं—मेष व वृश्चिक। मकर राशि के 21 अंश पर यह परमोच्च तथा कर्क राशि के 28 अंश पर यह परम नीच होता है। दशम भाव में मंगल की स्थिति उत्तम मानी गई है।

मंगल की उत्पत्ति के विषय में पुराणों में भी अनेक आख्यान मिलते हैं। एक कथा के अनुसार पूर्वकाल में दक्ष के यज्ञ का विध्वंस करने के लिए रौद्र रूपत्रिशूलधारी भगवान् शिव कुपित हो गए तो उसी क्षण उनके ललाट से पसीने की एक बूँद टपक पड़ी। अगले क्षण यह बिंदु अनेक मुखों, नेत्रों और अनेकानेक हाथ-पैरों से युक्त एक पुरुषाकृति में परिवर्तित हो गया। यही वीरभद्र था, जिसने देखते-ही-देखते दक्ष के यज्ञ का विध्वंस कर डाला। भगवान् शिव ने उससे अपना क्रूर कर्म बंद करने को कहा और वरदान दिया कि वह सभी ग्रहों के लिए प्रदायक बने। भगवान् शिव ने उद्घोष किया कि 'पृथ्वीनंदन, तुम अंगारक नाम से विख्यात होओगे और तुम्हारा रूप अनुपम होगा।'

मंगल महान् पराक्रमी रक्तकारक ग्रह है और अनावश्यक उग्रता एवं अवांछनीय शांति इसे अप्रिय है। इसमें मज्जा अधिक होती है (चित्र 29)। इसका वाहन मेढ़ा

(मेष) है। इसे युद्ध का देवता भी माना गया है और झगड़े, कलह एवं विरोध का प्रेरक भी कहा गया है। मंगल में सूर्य तथा चंद्रमा दोनों के गुणों का अंश मिलता है। इसका आकार बड़ा होता है, वर्ण अशोक व किंशुक के फूलों जैसा लाल होता है। इसकी किरणें स्वच्छ एवं मनोहर होती हैं, कांति तपे हुए ताँबे के समान होती है। जब यह उत्तर मार्ग से चलता है तब देश के लिए कल्याणकारी होता है।

बड़ी दुर्घटनाएँ होना, आग लगना, भूकंप आना, सूखा पड़ना आदि इसके प्रभाव के कारण होते हैं। यह शक्तिशाली, क्षत्रिय वर्ण का एवं नेतृत्व-प्रधान गुणवाला ग्रह है। दक्षिणायन, रात्रि, दक्षिण दिशा तथा दशम भाव में यह बलवान् होता है। इसी प्रकार अपने दिवस में, अपनी होरा में, अपने माह में, अपने पर्व और काल में यह अधिक बलवान् होता है। इसके देवता षडानन कार्त्तिकेय हैं। यह तामस ग्रह है और ग्रीष्म ऋतु का स्वामी है।

चित्र 29 : अंगारक मंगल

यह प्राणिमात्र के देहबल और मन:बल को पुष्ट करता है तथा शरीर में कान एवं कंठ में स्थित रहता है। इसका शरीर के मज्जा भाग पर विशेष अधिकार होता है—अर्थात् जिस जातक की जन्मकुंडली में मंगल बलवान् होगा, ज्योतिषशास्त्र के अनुसार उसके शरीर की मज्जा बलवान् होगी।

भूमि-पुत्र होने के कारण यह जातक को भूमि, मकान आदि खरीदना, बनाना, भू-गर्भ विशेषज्ञ बनाना, सफल डॉक्टर (सर्जन), पुलिस तथा सेना का अधिकारी बनाने में योगदान देता है।

मंगल का राशिगत फल

जन्मराशि में : शत्रु-भय, रोग-भय, रक्त-विकार, उष्णता के विकार, क्रोध-वृद्धि, अग्नि, शस्त्र एवं विष-भय, जख्म, विघ्न-बाधाएँ, निराशा।

जन्मराशि से दूसरा : धन-हानि, व्यय वृद्धि, कोर्ट-कचहरी के कार्यों में प्रतिकूल, भयकारक, पित्त-विकार से कष्ट, अग्नि-भय, द्वेष, झगड़े एवं अपयश।

जन्मराशि से तीसरा : आर्थिक लाभ, मान, अधिकार प्राप्ति, यश, समस्या

का समाधान, विषय, उत्साह प्राप्ति, सहयोग प्राप्ति, अधीनस्थ कर्मचारियों का सुख।

जन्मराशि से चौथा : शत्रु-वृद्धि, शत्रु-भय, ज्वर, उदर रोग, गुप्त रोग, रक्तस्राव, स्वास्थ्य शिथिलता, पथभ्रष्टता, दुष्ट एवं अनाचारी व्यक्तियों की कुसंगति से हानि एवं बाधाएँ।

जन्मराशि से पाँचवाँ : संतति विषयक समस्या, बीमारी, कष्ट, शत्रु-भय, व्यय-वृद्धि एवं आर्थिक परेशानी।

जन्मराशि से छठा : निडरता, शत्रु पराजय, आर्थिक लाभ, सुख-संपन्नता, सभी कार्यों में सफलता एवं मान-प्रतिष्ठा में वृद्धि।

जन्मराशि से सातवाँ : वैवाहिक जीवन में मतभेद, लड़ाई-झगड़े, वैवाहिक सुख में बाधा, पत्नी से मन-मुटाव, नेत्र एवं उदर रोग से कष्ट।

जन्मराशि से आठवाँ : मानहानि, मानसिक कष्ट, धन नाश, अपच, शस्त्राघात, रक्त-विकार, ज्वर एवं विष-भय, व्यय-वृद्धि एवं हानि।

जन्मराशि से नौवाँ : शारीरिक कष्ट, मानसिक अस्वस्थता, अपयश, बड़े लोगों से परेशानी।

जन्मराशि से दसवाँ : शत्रुओं से कष्ट, गहन प्रयासों से यश, नौकरी में स्थानांतरण, अधूरे कार्यों की पूर्ति।

जन्मराशि से ग्यारहवाँ : विजय-प्राप्ति, अनेक मार्गों से धन-प्राप्ति, आकस्मिक लाभ, आर्थिक स्थिति में सुधार, आनंद-विलास, सुखोपभोग, शारीरिक, मानसिक एवं पारिवारिक सुख, भूमि लाभ एवं मान-प्रतिष्ठा में वृद्धि।

जन्मराशि से बारहवाँ : स्वयं को बीमारी से कष्ट, पत्नी की बीमारी, आकस्मिक समस्याएँ एवं खर्च, झूठे आरोप लगना, नेत्र रोग, पत्नी से परेशानी, वैवाहिक जीवन में कटुता एवं वैवाहिक सुख में कमी।

मंगलकृत रोग

ऐसी मान्यता है कि मंगल अग्नि तत्त्व का ग्रह है तथा विध्वंस करना उसका स्थायी स्वभाव है। दाह से जुड़े रोग, सूजन, शस्त्राघात, मस्तिष्क-विकार, रक्तस्राव, टायफॉइड, निमोनिया, गर्भपात, नाक में फुंसियाँ, ऊष्माघात, मूत्रपिंड के विकार, बवासीर, भगंदर, ऑपरेशन एवं उष्णता के विकार मंगल के कन्या, मीन व कर्क राशि में होने पर होते हैं। चंद्र राशि से 3, 6, 11 स्थानों में जब गोचरवश मंगल का भ्रमण होता है तब रोगों का प्रादुर्भाव नहीं होता; जबकि चंद्र राशि से 1, 2, 4, 5, 7, 8, 9, 12 स्थानों में से भ्रमण करते समय मंगलकृत रोग उत्पन्न होते हैं।

वैज्ञानिक विवेचन

अनेक दृष्टियों से मंगल पृथ्वी से समानता रखता है, अतः इसे 'भूमि-पुत्र' भी कहा जाता है। यह अपनी धुरी पर 24 घंटे, 37 मिनट, 32 सेकंड में एक चक्कर पूरा करता है। सूर्य का परिभ्रमण यह 15 मील प्रति सेकंड की गति से छह सौ सत्तासी दिनों में पूरा करता है। पृथ्वी से मंगल की दूरी 41,85,43,000 मील है। सूर्य से मंगल की दूरी 14,15,50,000 मील है। मंगल की गुरुत्वाकर्षण क्षमता पृथ्वी की गुरुत्वाकर्षण क्षमता का दसवाँ भाग है।

सौर परिवार में मंगल का स्थान चौथा है। सूर्य की परिक्रमा करता हुआ मंगल पंद्रह वर्षों में जब पृथ्वी के समीप पहुँचता है तो इसकी दूरी पृथ्वी से 7,80,000 किलोमीटर होती है। रात्रि में भूमध्य रेखा पर मंगल का तापमान शून्य से 101° सेल्सियस नीचे तक चला जाता है, जो पृथ्वी पर किसी भी सबसे अधिक ठंडे स्थान के तापमान से बहुत अधिक होता है। मंगल पर 95 प्रतिशत कार्बन डाइ-ऑक्साइड गैस पाई जाती है। प्रत्येक सात सौ अस्सी दिनों में मंगल एकाएक चमकीला दिखाई देता है। मंगल का एक वर्ष पृथ्वी के दो वर्षों से कुछ कम होता है। इसी प्रकार मंगल पर वायु का दाब पृथ्वी के वायुदाब का सौवाँ भाग है।

मांगलिक ऊर्जा

ज्योतिष विज्ञान के अनुसार, प्रकृति के समस्त जीवधारियों में ऊर्जा का संचार मंगल ग्रह द्वारा ही होता है। मानव भी उनमें से एक है। परिभ्रमण काल में मंगल ग्रह पृथ्वी के निकट आ जाए तो प्रकृति एवं मानव पर अधिक प्रभाव की वृद्धि हो जाती है।

पृथ्वी पर किसी भी ग्रह की दूरी या निकटता के अनुसार ग्रहों का प्रभाव गर्भावस्था में भी भ्रूण पर पड़ने लगता है। उस समय भ्रूण पर जिस ग्रह का प्रभाव अधिक पड़ता है, उसी ग्रह के अनुसार शैशवकाल से रूप, रंग, आकार, लंबाई, स्वभाव एवं वंशानुगत गुण-दोष भी विकसित होने लगते हैं। जिन शिशुओं का मंगल ग्रह जन्म से ही बलवान् होता है, उनकी शारीरिक और मानसिक ऊर्जा भी सामान्य शिशुओं (चित्र 30) से अधिक होती है। उनकी जन्मकुंडली में भी जन्म से ही मंगल लग्न, द्वितीय, चतुर्थ, सप्तम, अष्टम अथवा द्वादश भाव में होता है। तृतीय, षष्ठम, दशम भाव, स्वग्रही अथवा उच्च राशि का मंगल भी बलवान् माना जाता है।

चित्र 30 : मांगलिक ऊर्जा एवं शिशु

प्राय: ऐसे बालक जन्म से ही बहुत उद्दंड होते हैं। उन्हें नींद कम आती है, क्रोधी एवं जिद्दी भी होते हैं। वे नित नए उत्पात करते हैं; क्योंकि मांगलिक ऊर्जावाला बालक अपनी शारीरिक एवं मानसिक ऊर्जा को व्यय करने हेतु नए-नए उपाय सोचता रहता है और व्यस्त रहने के साधन खोजता है। इसी प्रकार मंगल-प्रधान व्यक्ति का व्यक्तित्व भी अपनी एक अलग पहचान रखता है। सामान्यत: बलवान् मंगल का अर्थ है व्यक्ति में शारीरिक एवं मानसिक ऊर्जा तथा साहस का प्रतिशत सामान्य व्यक्ति से अधिक होना। अधिकतम कार्य करने पर भी ऐसे लोगों को थकावट का अनुभव नहीं होता और जोखिम भरे कार्य करने में उन्हें आनंद की अनुभूति होती है।

अधिक ऊर्जावान् व्यक्ति अधिक देर तक स्थिर होकर नहीं बैठ सकता। ऐसी ऊर्जावाला व्यक्ति दूसरों के लिए परेशानी का कारण भी बना रहता है। ऐसे व्यक्ति की ऊर्जा को सृजनात्मक कार्यों की ओर मोड़ देना उत्तम रहता है। अन्यथा विध्वंसात्मक कार्य करने में उन्हें देर नहीं लगती।

अत: सकारात्मक प्रवृत्ति के लिए ऐसे व्यक्तियों में गुरु ग्रह का प्रबल होना बहुत आवश्यक है, जो मांगलिक ऊर्जावाले व्यक्तियों का विवेक बनाए रख सकता है और उन्हें सकारात्मक कार्यों की राह पर चलने की प्रेरणा देता रहता है।

मांगलिक बालक को बचपन से सृजनात्मकता कुछ नया अनूठा सोचने पर मजबूर करती है। उन्हें इसका अवसर मिलना चाहिए। सृजनात्मकता सकारात्मक होनी चाहिए, न कि नकारात्मक। वस्तुत: विश्व में यही ऊर्जा का सदुपयोग है।

मंगल एवं मानसून

आज प्रत्येक देश का आर्थिक स्वरूप मानसून की चाल पर थिरकता है। सेंसेक्स की गिरफ्त में प्रत्येक देश की अर्थव्यवस्था के लिए मानसून वार्षिक जुनून बन गया है और भारत के लिए तो यह वरुणदेव का वरदान है। वैदिक ज्योतिष के अनुसार सूर्य की अग्नि के आकर्षण में 27 नक्षत्रों के बीच सतत गोचर करते नवग्रह पृथ्वी पर मौसम सहित जीवन संबंधी हर क्रिया का नियंत्रण करते हैं। प्रतिवर्ष 10 मई को सूर्य के कृत्तिका नक्षत्र में प्रवेश करते ही पृथ्वी के उत्तरी गोलार्द्ध में ग्रीष्म ऋतु का उद्घोष होता है और 23 मई को सूर्य के रोहिणी संक्रांति के साथ ही चारों ओर गरम हवाएँ चलने लगती हैं। 8 जून के आस-पास सूर्य का मंगल के नक्षत्र मृगशिरा में प्रवेश होते ही संपूर्ण भारत झुलसानेवाली गरमी तथा लू से तड़पने लगता है। ठीक इसी समय भारत के दक्षिण में स्थित हिंद महासागर एवं पश्चिम में स्थित अरब सागर में बादलों का निर्माण शुरू हो जाता है। मानसून के ये बादल भारत के दक्षिणी भाग से पानी बरसाते हुए पश्चिम की ओर तेजी से बढ़ते हैं।

मानसून का चक्रवाती घुमाव कम दबाववाले क्षेत्रों का पीछा करते हुए अपना मार्ग बदलता रहता है और प्राय: 21 या 22 जून को सूर्य के आर्द्रा नक्षत्र में प्रवेश करते ही भारत के ईशान कोण तक पहुँच जाता है। मौसम के आईने में सूर्य का आर्द्रा प्रवेश महत्त्वपूर्ण माना गया है। इस काल की कुंडली भारत के वास्तुमंडल में मानसून के प्रभाव को बताती है। आर्द्रा प्रवेश की कुंडली में मंगल के आगे तथा सूर्य के पीछे होने से दक्षिणी व पूर्वी भारत में अति वर्षा; दक्षिण-पूर्वी, पश्चिमी एवं मध्य भारत के कई क्षेत्रों में अल्प वर्षा; उत्तर एवं उत्तर-पश्चिमी भारत के बहुत से क्षेत्रों में बिखरी हुई वर्षा तथा पूर्वी व उत्तर-पूर्वी भारत में

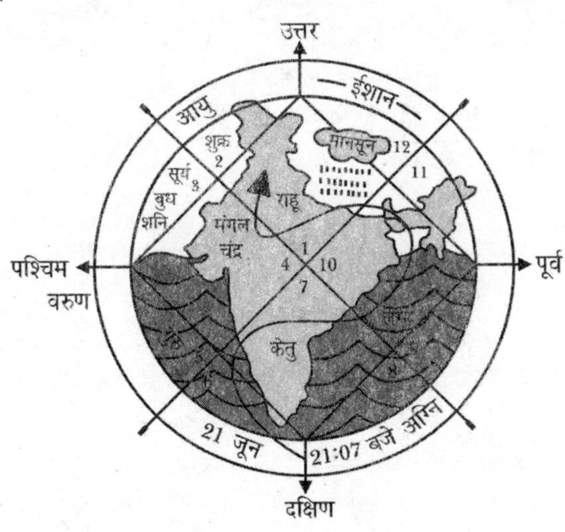

चित्र 31 : मानसून की शुभता में मंगल का अवरोध

विनाशकारी बाढ़ की आशंका रहती है। इस कारण कहावत भी है कि 'आगे मंगल पीछे भान, वर्षा होवै ओस समान'। अर्थात् जब मंगल सूर्य से आगे रहता है तब वर्षा ओस के समान ही होती है। मंगल विनाशकारी लू, वायु-प्रकोप तथा भूमि-प्रकोप की ओर संकेत करता है। मानसून की शुभता में मंगल के अवरोध को चित्र 31 में दरशाया गया है।

□

मंगल का वैज्ञानिक अध्ययन

मंगल ग्रह में मानव की रुचि सैकड़ों वर्षों से रही है। वस्तुतः उस समय से ही जब दूरबीन का आविष्कार भी नहीं हुआ था। आकाश स्पष्ट होने पर ग्रीष्म एवं शरद् ऋतु के मध्य में संध्या के समय इस ग्रह को देखा जा सकता था और आज भी बिना किसी दूरबीन की सहायता से इसे देखा जा सकता है—नारंगी रंग के एक चमकीले प्रकाश-बिंदु के रूप में। दूरबीन का आविष्कार होने पर तो इस रहस्यमय ग्रह के प्रति मनुष्य की रुचि और अधिक जाग्रत् होनी स्वाभाविक ही थी। रेडियो दूरबीनों द्वारा भी इसका अध्ययन किया गया। परंतु इसका जितना अध्ययन किया गया यह ग्रह उतना ही अधिक रहस्यमय बनता गया। मंगल ग्रह के रहस्यों को जानने की दिशा में पृथ्वी के वायुमंडल से बाहर जाकर अध्ययन करने की शुरुआत सोवियत रूस के अंतरग्रहीय अंतरिक्ष यान मार्स-1, जो 1 नवंबर, 1962 को छोड़ा गया, से हुई।

तदनंतर अमेरिका ने 15 जुलाई, 1965 को अपना अंतरग्रहीय अंतरिक्ष यान मेरिनर-4 छोड़ा, जिसने मंगल के पास से गुजरते हुए कुछ चित्र खींचे। सोवियत संघ द्वारा अंतरिक्ष यान इसलिए भेजा गया था, क्योंकि उस समय के नक्षत्रविदों ने मंगल ग्रह को बड़ा नीरस, ऊबड़-खाबड़, बड़े-बड़े ज्वालामुखियों से युक्त बताया था। दूसरी ओर खगोलविज्ञानियों ने पृथ्वी से रक्त के समान दिखनेवाले इसके लाल रंग का कारण इसके धरातल पर विद्यमान ऑक्सीकृत अर्थात् जंग लगे हुए लोहे की विशाल परत को माना। इसके लाल रंग के कारण इसे 'अंगारक' नाम से भी पुकारा जाने लगा। इन्हीं तथ्यों का पता लगाने के लिए 'मार्स-1' भेजा गया था; परंतु उसे अपने अभियान में सफलता नहीं मिली।

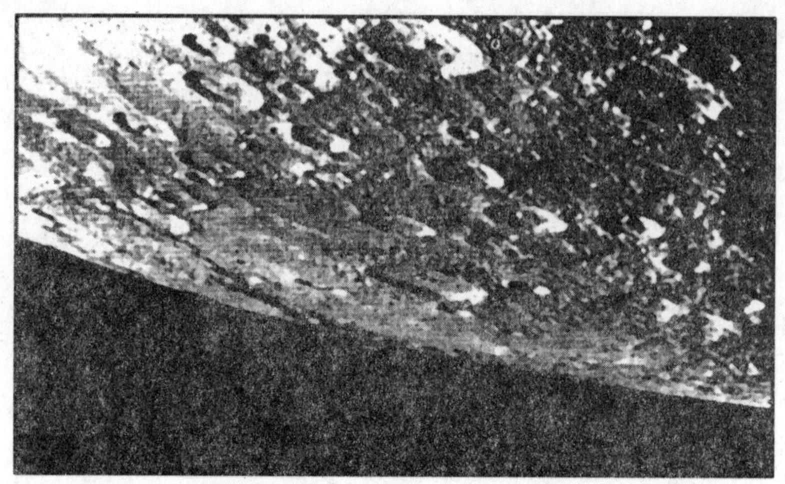

चित्र 32 : चंद्रमा के सदृश मंगल ग्रह

इसके बाद अमेरिकी मेरिनर–4, मेरिनर–6 तथा मेरिनर–7 अंतरिक्ष यानों ने सफलतापूर्वक मंगल ग्रह के समीप से उड़ानें भरीं और चित्र लिये। 1970 के दशक में मंगल के अध्ययन के लिए संयुक्त राज्य अमेरिका और तत्कालीन सोवियत संघ में होड़–सी लग गई।

अमेरिका ने 13 नवंबर, 1971 को मेरिनर–9 को मंगल के गिर्द एक कक्षा में स्थापित किया। यह अक्तूबर 1972 तक उसके रहस्यों का पता लगाता रहा। उसने मंगल की 7,329 तसवीरें पृथ्वी पर भेजीं। उधर रूस ने मार्स–2, मार्स–3, मार्स–4 तथा मार्स–5 अंतरिक्ष यान मंगल पर भेजे, जिनके द्वारा मंगल के बारे महत्त्वपूर्ण जानकारी प्राप्त हुई। इन यानों से यह पता चला कि जब ये मंगल का सर्वेक्षण कर रहे थे तब वहाँ पर तेज आँधी चल रही थी। यह बात जानकर खगोलविज्ञानियों के मस्तिष्क में अचानक एक विचार आया कि आँधी–तूफान तो पृथ्वी पर भी आते हैं। अत: निश्चित रूप से मंगल पर कुछ ऐसे तत्त्व विद्यमान हैं जो हमारी पृथ्वी पर भी हैं। यहाँ तक कि उन्होंने यह भी अनुमान लगाया कि मंगल पर भी जीवन हो सकता है। अंतत: सन् 1976 में संयुक्त राज्य अमेरिका ने मंगल पर जीवन की खोज के लिए 'वाइकिंग–1' और 'वाइकिंग–2' यान भेजे। वाइकिंग–1 द्वारा लिये गए मंगल के चित्र को चित्र 33 में दरशाया गया है।

इस मिशन द्वारा किए गए अध्ययन के अनुसार लाल ग्रह पर 95 प्रतिशत से अधिक कार्बन डाइऑक्साइड तथा शेष नाइट्रोजन एवं ऑर्गन है। इससे विदित होता

है कि मंगल के वायुमंडल में ऑक्सीजन नहीं है। वाइकिंग के मॉडल को चित्र 34 में दरशाया गया है। मंगल ग्रह की सतह एक चट्टानी मरुस्थल सदृश लगती है (चित्र 35)। मृदा परीक्षण के दौरान सूक्ष्म जीवों की अनुपस्थिति यहाँ जीवन-न्यूनता इंगित करती है।

चित्र 33 : वाइकिंग-1 द्वारा लिया गया मंगल का चित्र

चित्र 34 : वाइकिंग लैंडर का मॉडल

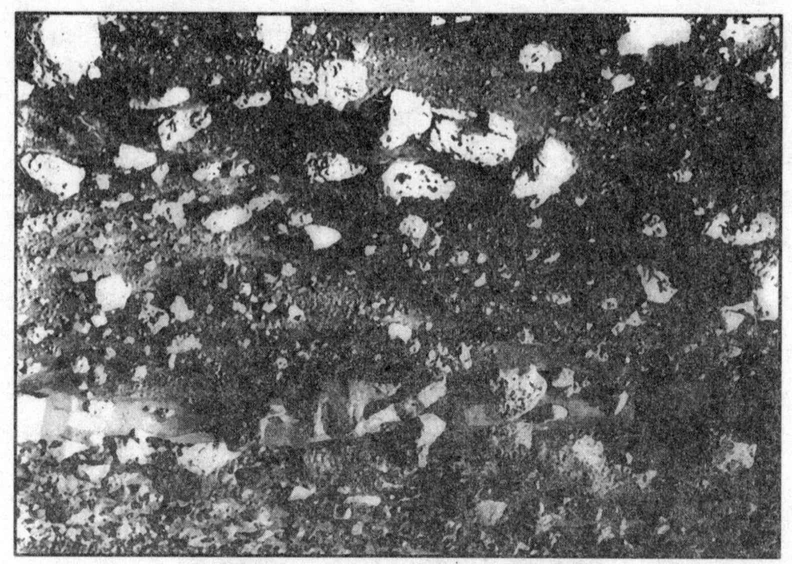

चित्र 35 : मंगल ग्रह की चट्टानी सतह

इन दोनों यानों ने मंगल ग्रह के बारे में कुछ ही महीनों के अंतराल से जो अद्‌भुत सूचनाएँ पृथ्वी पर भेजी थीं, वे पहले प्राप्त सभी सूचनाओं से बहुत अधिक महत्त्वपूर्ण थीं। इन सूचनाओं द्वारा जो अहम बात पता लगी, वह यह थी कि मंगल के ध्रुवीय क्षेत्र में कार्बन डाइऑक्साइड विद्यमान है। इसे चित्र 36 में दिखाया गया है। जैसा कि विदित ही है, हमारी पृथ्वी पर भी जंतु और वनस्पति जगत् के

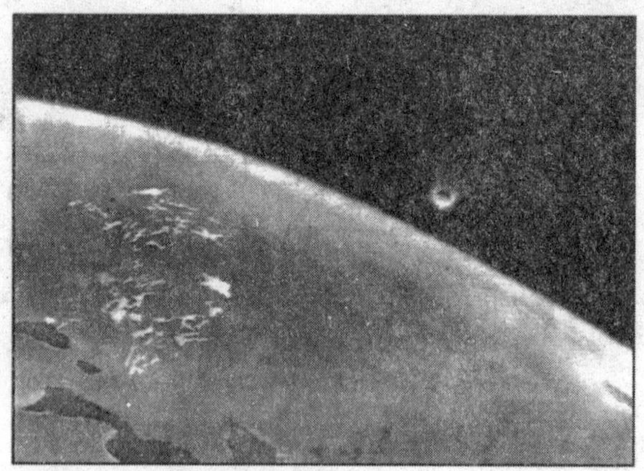

चित्र 36 : मंगल के वायुमंडल में कार्बन डाइऑक्साइड के संकेत

अस्तित्व के लिए कार्बन डाइऑक्साइड का विशाल चक्र विद्यमान है। खगोलविज्ञानियों को विश्वास था कि मंगल पर कुछ तत्त्व अवश्य विद्यमान हैं, जो पृथ्वी पर भी हैं। इस तथ्य को सिद्ध करने में वे जुटे रहे। अंततः सन् 1996 में अमेरिका के नेशनल एयरोनॉटिक्स एंड स्पेस एडमिनिस्ट्रेशन (नासा) के अनुसंधानवेत्ताओं के एक दल ने घोषणा की कि लगभग तीन अरब साठ करोड़ वर्ष पूर्व मंगल में जीवन पनप रहा था। यह घोषणा उन्होंने सन् 1984 में अंटार्कटिका के एलन हिल्स नामक क्षेत्र में मिले 1.9 कि.ग्रा. भारी चट्टान के टुकड़े के गहन अन्वेषण के बाद की। उन्होंने यह भी बताया कि यह टुकड़ा मंगल ग्रह से पृथ्वी पर आया है। वैज्ञानिकों ने इसका नाम 'ए.एल.एच. 84001' रखा। (चित्र 37)

चित्र 37 : मंगल की चट्टान का एक टुकड़ा 'ए.एल.एच. 84001'
(साभार : आविष्कार)

इस टुकड़े पर किए गए वैज्ञानिक अध्ययनों से मंगल ग्रह पर जीवन होने के संकेत मिले, जैसे—ए.एल.एच. 84001 में मंगल ग्रह की कार्बोनेट गोलिकाएँ मिलीं और इन गोलिकाओं में इनसे सटे हुए पॉलीसाइक्लिक हाइड्रोकार्बन अणु मिले।

इलेक्ट्रॉन सूक्ष्मदर्शी द्वारा लिये गए चट्टान के इस टुकड़े के चित्रों से यह अनुमान लगाया गया कि पॉलीसाइक्लिक हाइड्रोकार्बन अणु मंगल के लगभग डेढ़ करोड़ वर्ष पूर्व के सूक्ष्म जीवों के जीवाश्म हो सकते हैं। इस धारणा का मुख्य कारण

यह था कि पृथ्वी पर जीवाणुओं के जो जीवाश्म मिलते हैं उनमें भी कार्बोनेट गोलिकाएँ पाई जाती हैं। परंतु वैज्ञानिक इस अवधारणा से संतुष्ट नहीं हुए।

विवाद के घेरे में मंगल

मंगल ग्रह पर आदि जीवन की इस घोषणा से विश्व भर के वैज्ञानिक समुदाय में गहरी प्रतिक्रिया हुई। अन्वेषी वैज्ञानिकों ने कहा कि वे मंगल में आदि जीवन के अकाट्य और अंतिम प्रमाण का दावा नहीं कर रहे हैं; परंतु उन्हें ऐसा लगता है कि इस चट्टान के टुकड़े में मंगल के सूक्ष्म जीवों के जीवाश्म हैं। प्रसिद्ध अमेरिकी पुराजीवविज्ञानी विलियम शॉफ ने बताया कि मंगल पर जीवन की संभावना सिद्ध करने के लिए ठोस प्रमाणों की आवश्यकता है, क्योंकि पॉलीसाइक्लिक हाइड्रोकार्बन तो ग्रहों के धूल-कचरे और उल्का पिंडों में भी मिलते हैं। उन्हें संदेह था कि सूक्ष्म जीवों जैसी संरचनाएँ संभव है, कीचड़ एवं खनिजों से ही बन गई हों (चित्र 38)।

'ए.एल.एच. 84001' चट्टान का अध्ययन अमेरिका में ही न्यू मेक्सिको विश्वविद्यालय के जिम पापिके तथा चिप शियरर ने भी किया। उनका मानना था कि उन्हें इसमें जीवन के चिह्न नहीं मिले। कैलिफोर्निया विश्वविद्यालय के एक वैज्ञानिक बिल शॉ का भी यह मत था कि कार्बनिक पदार्थ की उपस्थिति मात्र से जीवन का अस्तित्व प्रमाणित नहीं होता।

चित्र 38 : उल्का पिंड में देखी गई जीवाणु जैसी संरचना

चीन के वैज्ञानिकों ने भी इसे एक वैज्ञानिक शिगूफा बताया। कुछ अन्य देशों के वैज्ञानिकों की भी यही मान्यता रही कि मंगल पर जीवन की संभावना का शिगूफा छोड़कर मंगल की खोज के लिए भेजे जानेवाले अंतरिक्ष यानों का मार्ग प्रशस्त किया जा रहा है, जिससे इस परियोजना में होनेवाले भारी व्यय पर बिना किसी विवाद के ये यान छोड़े जा सकें। चाहे जो भी हो, मंगल में जीवन जैसी खबर ने वैज्ञानिकों को अन्वेषण का विपुल क्षेत्र तो प्रदान कर ही दिया।

□

रहस्यमय मंगल

चित्र 39 : गैलीलियो गैलिली

लाल ग्रह मंगल सूर्य से दूरी के हिसाब से चौथा ग्रह है। सूर्य से यह औसतन 22,80,00,000 किलोमीटर दूर है। यह अंडाकार घेरे में घूमता हुआ छह सौ सत्तासी दिनों में सूर्य की एक परिक्रमा करता है। अर्थात् मंगल ग्रह जितने समय में सूर्य की एक परिक्रमा करता है, हमारी पृथ्वी उतने समय में लगभग दो चक्कर लगा लेती है। यह अपनी धुरी पर 24 घंटे 37 मिनट में एक बार घूम जाता है, इसलिए मंगल का दिन 24 घंटे 37.5 मिनट का होता है। मंगल-दिन 'सोल' कहलाता है और 668.6 सोल का मंगल वर्ष होता है।

मानव ने सदियों पूर्व लाल चमकते मंगल ग्रह को देख लिया था। उसके लाल रंग को उसका रौद्र रूप मानकर उसे युद्ध एवं आतंक का देवता मान लिया गया। दूरबीन से मंगल को सबसे पहले सन् 1610 में गैलीलियो ने (चित्र 39) देखा था। उसके दो सौ सड़सठ वर्ष बाद सन् 1877 में खगोल वैज्ञानिक असाफ हाल ने मंगल के दोनों चाँदों—फोबोस और 'डिमोस' की खोज की। कभी मंगल ग्रह पृथ्वी के 5,60,00,000 किलोमीटर तक निकट आ जाता है और कभी 40,00,00,000 किलोमीटर तक दूर हो जाता है।

28 अगस्त, 2003 को यह पृथ्वी के बहुत समीप था। जब घूमते-घूमते सूर्य, पृथ्वी और मंगल एक सीध में आ जाते हैं तो वह स्थिति 'वियुति' कहलाती है। 8 जनवरी, 1993 को ऐसी ही स्थिति बनी थी।

मंगल ग्रह पृथ्वी की तुलना में बहुत छोटा ग्रह है। उसका व्यास 6,790 किलोमीटर है, जबकि पृथ्वी का व्यास 12,756 किलोमीटर है। पृथ्वी के उत्तरी एवं दक्षिणी ध्रुवों की तरह मंगल के भी बर्फीले ध्रुव हैं। उनपर बर्फ की टोपियाँ दिखाई देती हैं। वे टोपियाँ सिकुड़ती और सिमटती हुई दिखाई देती हैं। वे कभी आकार में बढ़ जाती हैं तो कभी घट जाती हैं। मंगल के गोले पर फैली रेखाओं के जाल को देखकर यह माना जाता था कि शायद वहाँ विशाल नदियाँ हैं और उनसे नहरें निकाली गई हैं। मंगल ग्रह की सतह के बदलते रंग को देखकर यह अनुमान लगाया जाता था कि शायद वहाँ खेती होती है, वसंत तथा अन्य मौसम भी आते हैं। मंगल के विभिन्न क्षेत्र इस प्रकार हैं (देखें, चित्र 40 एवं 41)

चित्र 40 : मंगल के विभिन्न क्षेत्र

चित्र 41 : मंगल के विभिन्न क्षेत्र

मंगल की सतह पर रेत और बालू के विशाल मैदान हैं, चट्टानें हैं, दरारें और गहरी खाइयाँ भी हैं; इतना ही नहीं, विशाल ज्वालामुखी भी हैं। वहाँ की मिट्टी लाल-गेरुए रंग की और धूल गुलाबी है। उस धूल की भयानक आँधियाँ चलती रहती हैं, जो पूरे ग्रह को धूल से ढक देती हैं। धूल और रेत उड़ने और जमा होने के कारण मंगल की सतह पर रेखाएँ और धब्बे दिखाई देते हैं। मंगल पर हमारे सौरमंडल का सबसे बड़ा ज्वालामुखी है तथा उसका 'ओलिंपस मोर्स' (चित्र 42) है। वह 27 किलोमीटर ऊँचा है और उसका व्यास 550 किलोमीटर है।

मंगल पर रेत के विशाल मैदान हैं। ऐसा अनुमान है कि शायद करोड़ों वर्ष पहले ज्वालामुखियों से लावा बहने के कारण वे चौरस मैदान बने होंगे। मंगल ग्रह के दक्षिणी गोलार्द्ध में नहरों का जाल जैसा दिखता है। वैज्ञानिकों का अनुमान है कि लाखों वर्ष पहले मंगल पर घना वायुमंडल रहा होगा। घनघोर वर्षा हुई होगी और उनसे रेतीले मैदानों में गहरी खाइयाँ बन गई होंगी। मंगल की आंतरिक संरचना को चित्र 43 में दरशाया गया है।

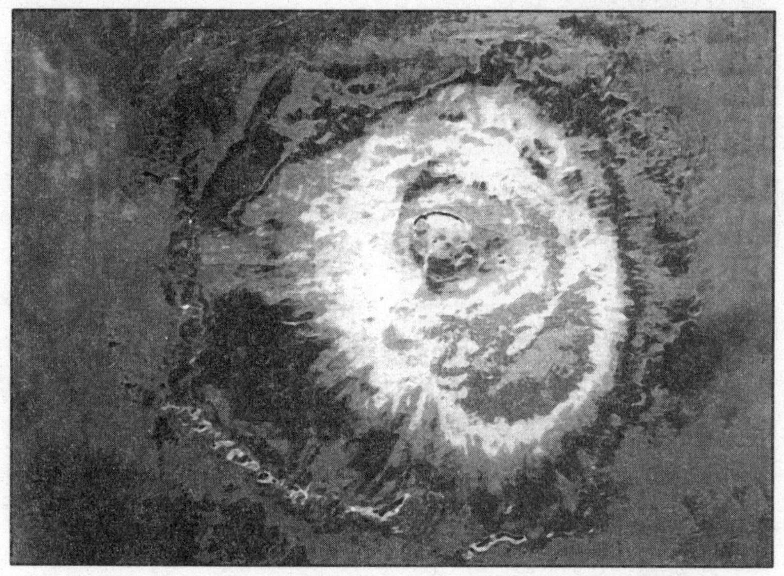

चित्र 42 : मंगल पर सौरमंडल का वृहद् ज्वालामुखी ओलिंपस मोर्स

यद्यपि मंगल में वायुमंडल तो है, परंतु वह बहुत विरल है। इतना विरल वायुमंडल जितना हमारी पृथ्वी की सतह से 30 किलोमीटर ऊपर होता है। वहाँ वायुमंडल में मुख्य रूप से कार्बन डाइऑक्साइड है। कुल वायु में 96.5 प्रतिशत

भाग कार्बन डाइऑक्साइड है, 1.8 प्रतिशत आणविक नाइट्रोजन, 1.5 प्रतिशत ऑर्गन, 0.1 प्रतिशत आणविक ऑक्सीजन तथा अंश मात्र कार्बन मोनोऑक्साइड, नियॉन, क्रिप्टॉन, जेनॉन और जलवाष्प हैं। मंगल के कई भागों में प्रातःकाल बर्फीला कुहरा उठता हुआ देखा गया है और आकाश की ऊँचाइयों में बर्फीले बादल भी देखे गए हैं। मंगल के पृष्ठ भाग को चित्र 44 में दिखाया गया है।

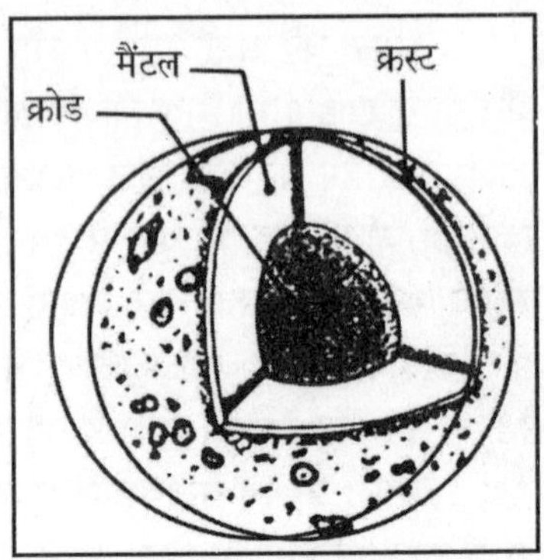

चित्र 43 : मंगल की आंतरिक संरचना

चित्र 44 : मंगल का पृष्ठ भाग

वैज्ञानिकों का अनुमान है कि बर्फ की टोपियाँ और बर्फीले बादल पानी की बर्फ के नहीं वरन् कार्बन डाइऑक्साइड गैस की जमी हुई बर्फ के बने हैं। वहाँ अत्यधिक सर्दी है। गरमियों में सूर्योदय से पहले का तापमान 0 से 30° सेल्सियस नीचे होता है। इतनी ठंड के कारण शायद वायुमंडल की कार्बन डाइऑक्साइड गैस बर्फ बनने लगती है और ध्रुवों पर जमने लगती है। कार्बन डाइऑक्साइड के विशाल बादल ध्रुवों को ढक लेते हैं तथा वे ध्रुवों के छत्र कहलाते हैं।

मंगल ग्रह पर भी मौसम बदलते हैं। वहाँ वसंत, ग्रीष्म एवं शरद् ऋतुएँ होती हैं। इसका कारण यह है कि मंगल ग्रह भी पृथ्वी की तरह अपनी धुरी पर थोड़ा झुका हुआ है। पृथ्वी अपनी धुरी पर 23.5 अंश झुकी हुई है और मंगल 24.9 अंश झुका है। लगभग आधे से अधिक वर्ष तक सूर्य मंगल ग्रह के उत्तरी गोलार्द्ध पर चमकता रहता है, तब वहाँ वसंत एवं ग्रीष्म ऋतु होती है। दक्षिणी गोलार्द्ध में ग्रीष्म ऋतु छोटी होती है, परंतु गरमी अधिक पड़ती है। मंगल की सतह पर टीले और गड्ढों को चित्र 45 में दरशाया गया है। इसी प्रकार मंगल की सतह के निकट से लिये गए चित्र को चित्र 46, 47 तथा वाइकिंग–आर्बीटर द्वारा लिये मंगल की सतह के 800 किलोमीटर

लंबे क्षेत्र को क्रमशः चित्र 48 अ–ब में दिखाया गया है। चित्र 49 में मंगल ग्रह, जो कि धूल भरी आँधियों के लिए प्रसिद्ध है, के दृश्य को दरशाया गया है।

चित्र 45 : मंगल की सतह पर टीले एवं गड्ढे

चित्र 46 : मंगल की सतह का निकट से लिया गया चित्र

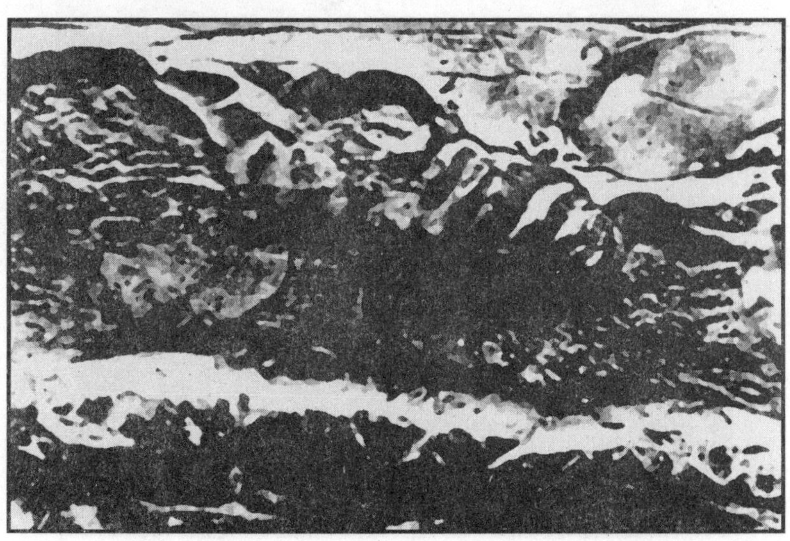

चित्र 47 : मेरिनर–9 द्वारा मंगल का नजदीक से लिया गया चित्र

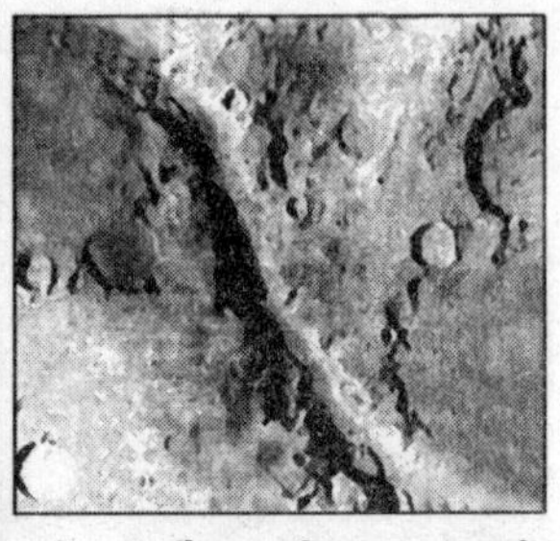

वाइकिंग- आर्बीटर द्वारा लिया गया मंगल की सतह के 800 कि.मी. लंबे क्षेत्र का चित्र

चित्र 48 अ–ब : वाइकिंग–ऑर्बीटर द्वारा लिये गए मंगल के चित्र

चित्र 49 : मंगल ग्रह में धूल भरी आँधियों का दृश्य

मंगल के उपग्रह

मंगल के दो उपग्रह हैं—'फोबोस' एवं 'डिमोस'। 'फोबोस' का शाब्दिक अर्थ है 'भय' और 'डिमोस' का अर्थ है 'संत्रास'। सन् 1877 में एफस हॉल ने वाशिंगटन में 26 इंच की दूरबीन से मंगल का अध्ययन करके उसके इन दोनों उपग्रहों की खोज की थी। दोनों उपग्रह इतने धुँधले हैं कि उन्हें छोटे अथवा मध्यम दूरदर्शी से भी नहीं देखा जा सकता। फोबोस मात्र 22 किलोमीटर और 'डिमोस' 12 किलोमीटर चौड़ा है। वाइकिंग-1 यान ने फोबोस की 100 किलोमीटर तथा वाइकिंग-2 ने डिमोस की 30 किलोमीटर ऊँचाई से चित्र (चित्र 50 अ) लिये हैं। फोबोस मंगल की परिक्रमा 7 घंटे 39 मिनट में कर लेता है। इस तरह 24 घंटे में लगभग तीन बार इसकी परिक्रमा हो जाती है। लाखों वर्षों से उल्का पिंडों के टकराते रहने के कारण फोबोस की सतह पर गड्ढे बन गए हैं। उसपर गहरी दरारें भी हैं। डिमोस पर भी गड्ढे हैं, परंतु फोबोस की तुलना में उसकी सतह समतल लगती है। खगोल-विज्ञानियों की अवधारणा है कि मंगल के दोनों चाँद/उपग्रह कभी क्षुद्र ग्रह रहे होंगे; परंतु मंगल के गुरुत्वाकर्षण की सीमा में आ जाने के कारण वे चाँद बन गए।

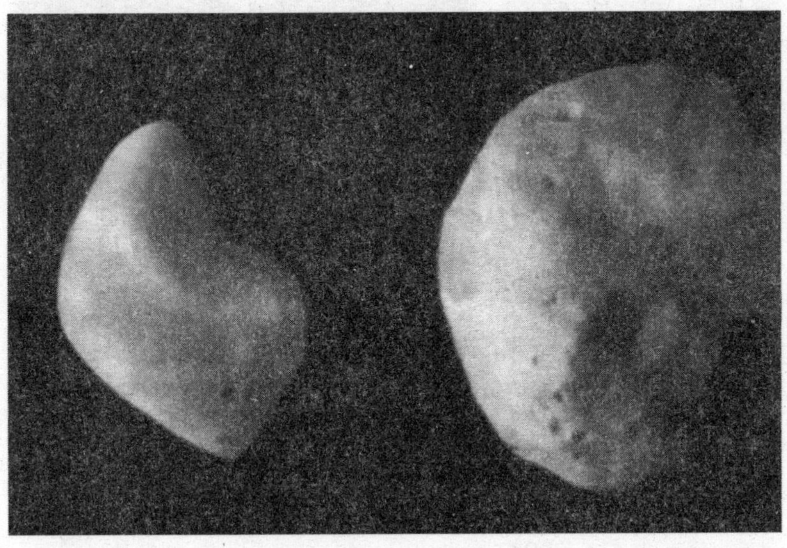

चित्र 50 अ : वाइकिंग यान द्वारा मंगल के उपग्रह फोबोस (बड़ा) तथा डिमोस (छोटा) के चित्र (साभार : नासा)

मंगल के उपग्रहों की विचित्र कथा

अंग्रेजी के प्रसिद्ध उपन्यासकार जोनाथन स्विफ्ट ने सन् 1726 में प्रकाशित अपने अत्यंत लोकप्रिय उपन्यास 'गुलीवर्स ट्रैवल्स' में मंगल ग्रह के इन दोनों चंद्रमाओं—फोबोस एवं डिमोस का उल्लेख किया है। तब तक खगोलविज्ञानी इनसे अपरिचित थे। एक दिन गुलीवर जब लपुता द्वीप में था तो खगोलविज्ञानियों ने उसे बताया कि मंगल के दो छोटे-छोटे उपग्रह हैं।

अमेरिकी खगोलविज्ञानी ए. हॉल ने इनकी खोज सन् 1877 में की थी। यह उक्त ग्रंथ के बाद की तिथि है। स्विफ्ट ने कल्पना की थी कि ज्यों-ज्यों सूर्य से दूरी बढ़ेगी त्यों-त्यों उपग्रहों की संख्या बढ़ेगी। चूँकि पृथ्वी का एक चाँद था और बृहस्पति के चार, इसलिए मंगल के दो चाँद होने चाहिए। वस्तुतः इस उपन्यासकार की कल्पना बहुत सटीक थी। इतना ही नहीं, स्विफ्ट ने यह भी बतलाया कि भीतरी उपग्रह तीन व्यास और बाहरी पाँच व्यास का होगा। तीन व्यास लगभग 20,000 किलोमीटर था। निस्संदेह डिमोस मंगल से इतनी ही दूरी पर है; परंतु डिमोस भीतरी नहीं, बाहरी चंद्रमा है। फिर भी कितना अद्‌भुत साम्य है।

यह प्रस्ताव रखा गया कि फोबोस भीतर से खोखला है। चूँकि अंतरिक्ष में ऐसी किसी वस्तु के निर्माण की प्रक्रिया ज्ञात नहीं थी, इसलिए पुनः यह प्रस्ताव रखा गया कि फोबोस तथा डिमोस दोनों ही मंगल के कृत्रिम उपग्रह हैं, जिन्हें लाखों वर्ष पूर्व मंगल के बुद्धिमान व्यक्तियों ने बनाया होगा अथवा फिर बाह्य अंतरिक्ष से आए होंगे।

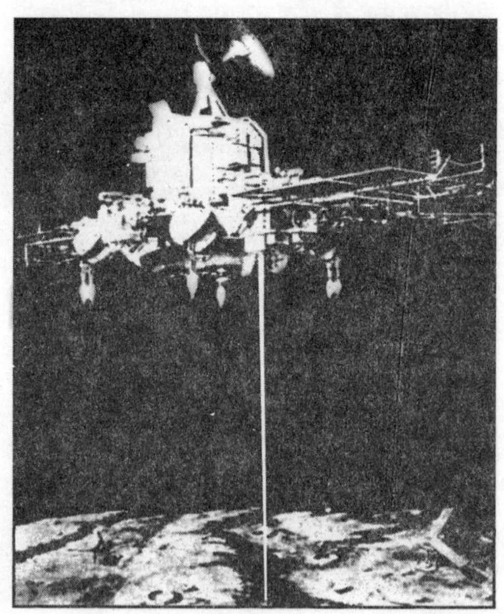

चित्र 50 ब : फोबोस की धरती पर चित्रकार की कल्पना

वाइकिंग-1 की उड़ान के बाद फोबोस का भार ज्ञात किया जा सका, जिसके फलस्वरूप इसका घनत्व 2 ग्राम प्रति सेंटीमीटर ज्ञात हुआ।

इस प्रकार खोखलेपन की परिकल्पना निर्मूल सिद्ध हुई। इन दोनों उपग्रहों में तमाम क्रेटर तथा खरोंचें (Streaks) हैं। फोबोस की धरती पर चित्रकार की कल्पना को चित्र 50 ब में चित्रित किया गया है।

मंगल ग्रह : एक दृष्टि में

जन्म	:	लगभग 4.6 अरब वर्ष पूर्व
क्रम	:	सूर्य से चौथा और पृथ्वी से दूसरा
व्यास	:	6,790 किलोमीटर
उपग्रह	:	2 (फोबोस एवं डिमोस)
सूर्य से निकटतम दूरी	:	22.66 करोड़ किलोमीटर
सूर्य से अधिकतम दूरी	:	24.92 करोड़ किलोमीटर
पृथ्वी से निकटतम दूरी	:	3 करोड़ 5 लाख किलोमीटर
सूर्य की प्रदक्षिणा का काल	:	687 दिन
वर्ष	:	668.60 दिन (मंगल के दिनों का) तथा 687 पृथ्वी दिवसों के बराबर
धुरी पर घूर्णन काल	:	24 घंटे 37 मिनट 23 सेकंड
द्रव्यमान	:	पृथ्वी का 1/9वाँ भाग
भूमि का रंग	:	लाल-गेरुआ
सतह पर	:	चट्टानें एवं शिलाखंड
भूमि	:	निर्जन, सतह पर गड्ढे, ज्वालामुखी और ऐसी घाटियाँ हैं, जिनसे अनुमान लगाया जाता है कि कदाचित् यहाँ पर कभी पानी का मुक्त बहाव था, यह अभी सुनिश्चित होना है।
जलवायु	:	हलकी एवं शुष्क
वातावरण	:	कार्बन डाइऑक्साइड सर्वाधिक
वायु	:	पृथ्वी की अपेक्षा 100 गुना अधिक पतली, जिसमें नाइट्रोजन, कार्बन एवं ऑक्सीजन उपस्थित
जलवाष्प	:	पृथ्वी की अपेक्षा 1000वाँ भाग
तापमान	:	शून्य से नीचे 85° सेल्सियस।

मंगल ग्रह की पृथ्वी से समानता

दोनों सूर्य से इतनी दूरी पर हैं कि उन्हें समुचित प्रकाश और ऊष्मा मिलती रहती है। दोनों ही अपनी धुरी पर झुके हैं, अतः ऋतु परिवर्तन होते हैं। दोनों ही ध्रुवों पर चिपटे हैं। पृथ्वी की तरह यह भी ठोस है। समानता के आधार पर ही लोग कल्पना करते थे कि मंगल ग्रह पर चतुर प्राणी होंगे। प्रायः 780 दिन बाद सूर्य, पृथ्वी, मंगल एक सीध में आ जाते हैं। 8 जनवरी, 1993; 12 फरवरी, 1995; 17 मार्च, 1997; 24 अप्रैल, 1999 एवं 13 जून, 2001 को ऐसा ही हुआ था।

मंगल ग्रह की पृथ्वी से असमानता

पृथ्वी से मंगल की विषमताएँ अधिक हैं। मंगल ग्रह की सतह पृथ्वी से अधिक ऊबड़-खाबड़ है। इसे सूर्य की परिक्रमा में 687 दिन यानी लगभग दो वर्ष लगते हैं। अतः मंगल में पृथ्वी की अपेक्षा ऋतुएँ दुगुनी अवधि की होती हैं। मंगल शुष्क ग्रह है। इसमें ऑक्सीजन नहीं है। मंगल का वायुमंडल पृथ्वी के वायुमंडल से अधिक हलका है। मंगल का घनत्व पृथ्वी से कम है। सबसे बड़ी भिन्नता यह है कि पृथ्वी का एक चाँद है, किंतु मंगल के दो चाँद हैं।

□

मंगल ग्रह की ओर मानव के कदम

चंद्रमा के बाद यदि किसी अन्य ब्रह्मांडीय पिंड ने मानव का सबसे अधिक ध्यानाकर्षण किया है तो वह मंगल ग्रह है। रहस्यमय मंगल के बारे में सर्वप्रथम मेरिनर और मार्स नामक अंतरिक्ष यानों से सूचनाएँ प्राप्त हुईं। मंगल ग्रह अन्वेषण का विषय तब और भी महत्त्वपूर्ण हो गया जब अमेरिकी अंतरिक्ष संस्थान 'नासा' (NASA) ने 7 अगस्त, 1996 को मंगल ग्रह पर जीवन होने की बात की थी।

मंगल ग्रह पर जीवन

वस्तुतः मंगल ग्रह पर जीवन होने का आधार एक उल्का से प्रारंभ होता है, जिसके विश्लेषण ने मंगल ग्रह पर जीवन होने की पुष्टि की है। जैसा कि वर्णन किया जा चुका है कि इस उल्का का नाम ए.एल.एच. 84001 है। यह नाम अंतरराष्ट्रीय खगोलीय संस्था के 'उल्का' नामकरण तरीके के आधार पर रखा गया है। आज उल्का के इस विशिष्ट नाम की अंतरराष्ट्रीय स्तर पर बहुत चर्चा है। यह उल्का सन् 1904 में अमेरिकी साइंस फाउंडेशन उल्का कार्यक्रम के अंतर्गत अन्वेषण कर रही टीम को अंटार्कटिक में 'एलन हिल' नामक बर्फीले क्षेत्र में मिली। ए.एल.एच. 84001 उन 12 उल्काओं में से एक है, जिसके वैज्ञानिक विश्लेषणों के आधार पर पाया गया है कि ये मंगल ग्रह से टूटकर गिरी हैं। ए.एल.एच. 84001 उपर्युक्त 12 उल्काओं में सबसे पुरानी है। वैज्ञानिकों के अनुसार, यह टुकड़ा लगभग 13,000 वर्ष पहले पृथ्वी पर गिरा होगा। यह उल्का अन्वेषण दल की एक महिला सदस्या रॉबर्टा स्कोर को अपने प्रथम अंटार्कटिक अभियान में अचानक प्राप्त हुई। वे उस समय बर्फ पर चलनेवाली एक बग्घी में घूम रही थीं। उनके साथ दल के अन्य सदस्य भी थे। जब दल एलन हिल क्षेत्र से गुजर रहा था तब स्कोर ने वह उल्का देखी।

उल्का ए.एल.एच. 84001 को विश्लेषण के लिए अमेरिका में ह्यूस्टन की जे.एस.सी. मीटियोराइट प्रोसेसिंग प्रयोगशाला में ले जाया गया। वैज्ञानिक एवं विश्लेषणकर्ता इस नतीजे पर पहुँचे कि यह उल्का 4.5 अरब वर्ष पुरानी होगी तथा प्राचीनकाल में मंगल ग्रह से अलग हुई होगी, जब यह ग्रह गरम था तथा इसका अपना वायुमंडल था और इसके अंदर पानी की धाराएँ थीं। ये विश्लेषण इस बात के भी संकेत देते हैं कि मंगल ग्रह में 3.6 अरब वर्ष पूर्व शायद मूलभूत जीवन रहा होगा। जिस युग में इस उल्का के आने की बात की गई है, उस बात से ही वैज्ञानिकों की जिज्ञासा और कौतूहल बहुत बढ़ गया।

मंगल ग्रह पर जीवन होने की उद्घोषणा का प्रभाव बड़ा कार्यकारी सिद्ध हुआ। अगस्त उद्घोषणा के तुरंत बाद नासा के कुछ विशेषज्ञों, वैज्ञानिकों और औद्योगिक विमर्शकर्ताओं के बीच एक दूर संगोष्ठी (Tele conference) का आयोजन किया गया तथा आनेवाले दशक के लिए सुनियोजित मंगल ग्रह के दस मिशनों की समीक्षा की गई। यह भी लक्ष्य रखा गया कि क्या इन मिशनों में किसी परिवर्तन की आवश्यकता है। मंगल ग्रह के मिशनों को सारणी–7 में दरशाया गया है—

सारणी–7

मंगल ग्रह की विभिन्न परियोजनाएँ

परियोजना का नाम/ प्रमोचन तिथि/ मंगल ग्रह पर पहुँचने की तिथि	*टिप्पणी*
मार्स ग्लोबल सर्वेयर (एम.जी.एस.)/6 नवंबर, 1996/सितंबर 1997	प्रेक्षण मार्च 1998 से।
मार्स पाथ फाइंडर/2 दिसंबर, 1996/ 4 जुलाई, 1997	तकनीकी प्रदर्शन हेतु।
'मार्स' 1996/16 नवंबर, 1996/12 सितंबर, 1997	असफल मिशन
'मार्स सर्वेयर' 1998 ऑर्बिटर/दिसंबर 1998/ सितंबर 1999	इन्फ्रारेड रेडियो मीटर के साथ, प्रमोचन।
मार्स सर्वेयर 1998 लैंडर/जनवरी 1999/ अक्तूबर 1999	मध्यवर्गी रॉकेट द्वारा मंगल ग्रह के दक्षिणी ध्रुव क्षेत्र में उतरेगा।
ऑर्बिटर/लैंडर/2001/व 2003	अध्ययन के तौर पर।
मार्स सैंपुल रिटर्न मिशन/2005	अध्ययन के तौर पर।

मंगल ग्रह के लिए नासा ने तुरंत 30-40 अमेरिकी अंतरिक्ष वैज्ञानिकों का एक समूह बनाया तथा इसमें यूरोप, रूस और जापान के अंतरिक्ष संस्थानों के प्रतिनिधियों को भी सम्मिलित किया गया। इस दल ने पाया कि मंगल ग्रह पर अन्वेषण कार्य ठीक चल रहा है; परंतु इस दल ने कुछ सुझाव भी रखे। इन सुझावों में एक आवश्यक पहलू यह भी था कि मंगल ग्रह के अन्वेषण की भावी परियोजनाओं में मंगल ग्रह की सतह पर प्रयोग की जानेवाली बग्घियों (रोवर) को और भी अधिक उच्च कोटि की बनाए जाने की दिशा में ध्यान दिया जाए। इसके साथ-ही-साथ मंगल ग्रह के अन्वेषण के लिए प्रयुक्त उपकरणों के आकार को अधिक-से-अधिक छोटा बनाया जाय।

मंगल ग्रह एवं नासा (NASA) की परियोजनाएँ

नासा की अंतरिक्ष परियोजनाओं में सौर तंत्र अन्वेषण में सबसे अधिक कार्य मंगल ग्रह की ओर केंद्रित है। सन् 1975 में मंगल ग्रह के लिए भेजा गया वाइकिंग तथा इसके दो लैंडरों को 1993 में मंगल ग्रह की कक्षा में पहुँच जाना था; परंतु कक्षीय प्रवेश के समय इनसे कोई भी संपर्क नहीं हो सका तथा उसके बाद से इनकी सक्रियता के बारे में भी कुछ ज्ञात नहीं हो पाया। मंगल ग्रह के संदर्भ में नासा की परियोजनाएँ पाँच विभिन्न समय चक्रों में विभाजित की गई हैं—सन् 1996, 1998, 2001, 2003 एवं 2005। इस योजना के अनुसार प्रत्येक बार एक ऑर्बिटर और एक लैंडर मंगल ग्रह के लिए भेजे गए।

मंगल ग्रह अन्वेषण मिशनों के उद्देश्य

मूलतः मंगल ग्रह अन्वेषण में संलग्न मिशनों के निम्न उद्देश्य हैं—

1. मंगल ग्रह पर पूर्वकाल (पुरातनकाल) में जीवन होने के प्रमाणों पर अन्वेषण।
2. मंगल ग्रह के मौसम और इस मौसम का पृथ्वी के पूर्वकालीन एवं भावी मौसम से किसी प्रकार के संबंध की समीक्षा की आशा।
3. मंगल ग्रह के भूगर्भशास्त्र और उपलब्ध संपदा का विवेचन एवं भावी मंगल ग्रह मिशनों में इनकी उपादेयता।
4. मंगल ग्रह पर जल की उपलब्धता का पता लगाना, क्योंकि जल जीवन का अभिन्न अंग है तथा ग्रह की विविध स्रोत-संपदा और मौसम के संचालन में एक महत्त्वपूर्ण भूमिका निभानेवाला तत्त्व है।

विभिन्न अमेरिकी मिशनों में मार्स ग्लोबल सर्वेयर (चित्र–51) मिशन का मुख्य उद्देश्य कुछ ऐसे आँकड़ों को प्राप्त करना था, जिन्हें लाने का कार्य मार्स ऑब्जर्वर मिशन पर था; परंतु यह सन् 1993 में मंगल ग्रह की यात्रा के दौरान रास्ते में ही खराब हो गया तथा मिशन भी असफल हो गया। नासा के वैज्ञानिकों ने मंगल अभियान को जारी रखते हुए योजना बनाई, जिसके अंतर्गत नासा की जेट प्रोपल्सन प्रयोगशाला ने 4 दिसंबर, 1996 को मार्स पाथ फाइंडर नामक अंतरिक्ष यान मंगल की खोज–खबर लेने के लिए भेजा।

चित्र 51 : मार्स ग्लोबल सर्वेयर

मार्स पाथ फाइंडर का मंगल ग्रह पर पदार्पण

4 जुलाई, 1997 का दिन बहुत ही महत्त्वपूर्ण बना, क्योंकि इसी दिन अमेरिकी पाथ फाइंडर मंगल ग्रह पर उतरा (चित्र 52)। 3 सितंबर, 1976 में वाइकिंग–2 अंतरिक्ष यान के मंगल ग्रह पर उतरने के बाद पाथ फाइंडर का मंगल ग्रह पर उतरना एक अभूतपूर्व घटना थी। पाथ फाइंडर ने पृथ्वी से अपनी यात्रा दिसंबर 1996 में प्रारंभ की थी तथा मंगल ग्रह तक पहुँचने के लिए इसे 1200 लाख मील चलना पड़ा। यह

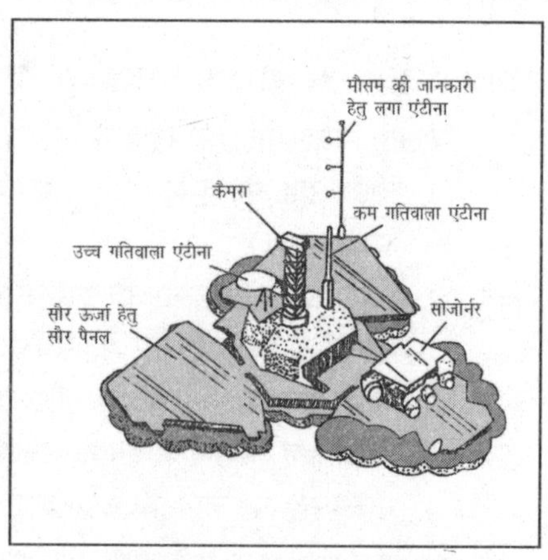

चित्र 52 : पाथ फाइंडर

एक मानव-रहित मिशन था। मंगल ग्रह के जिस स्थान पर पाथ फाइंडर उतरा, उसका नाम है 'एरेस वैलीस'। पृथ्वी से इसने अपनी यात्रा 1600 मील प्रति घंटे की गति से की थी।

पाथ फाइंडर यान ने उतरने के काफी समय पहले इसके वायुमंडल में सतह से 14.8° कोण बनाते हुए 125 किलोमीटर की ऊँचाई से प्रवेश किया। उस समय इसकी गति 7.5 किलोमीटर प्रति सेकंड थी। इसके वायुमंडलीय प्रतिरोध ने यान की गति को बहुत कम कर दिया तथा यह 400 मीटर प्रति सेकंड हो गई। पाथ फाइंडर में लगे 24 फीट के पैराशूट के खुलने की प्रक्रिया इसके मंगल ग्रह के वायुमंडल में प्रवेश के 2-3 मिनट बाद आरंभ हुई, जब इसकी ऊँचाई ग्रह की सतह से 5 से 11 किलोमीटर थी। इसके साथ-ही-पाथ फाइंडर की गति 65 मीटर प्रति सेकंड हो गई।

आकलन के अनुसार और उसी के मुताबिक प्रोब अपने निर्धारित स्थान एरेस वैलीस स्थान पर उतरा। पाथ फाइंडर का मुख्य तंत्र सोजोर्नर बग्घी (चित्र 53) थी, जो 65 सेंटीमीटर लंबी और 18 सेंटीमीटर चौड़ी तथा 13 सेंटीमीटर ऊँची थी। सोजोर्नर के वास्तविक रूप को चित्र 54 में दिखाया गया है।

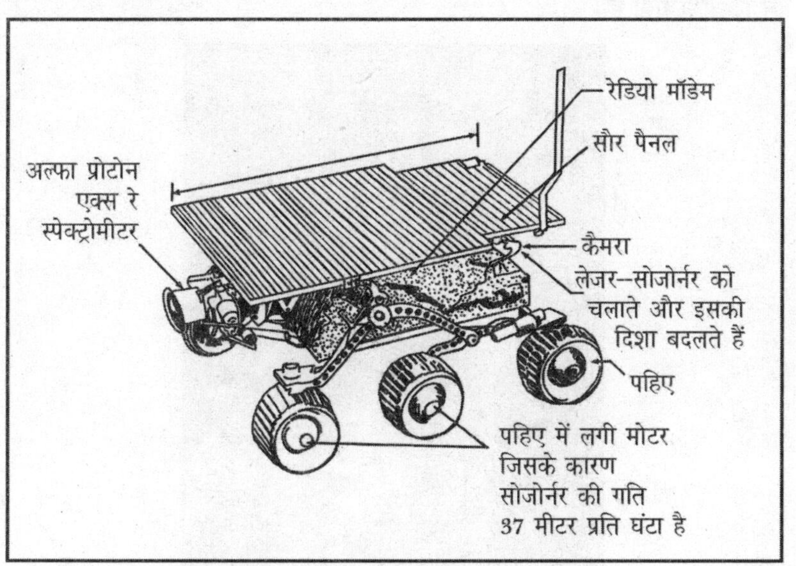

चित्र 53 : सोजोर्नर बग्घी

चित्र 54 : सोजोर्नर का वास्तविक रूप

मंगल ग्रह की सतह को छूने के बाद इसके कैमरों द्वारा जो पहला चित्र भेजा गया, उसमें क्षैतिज फैले हुए पत्थरों के भंडार थे। वायुमंडल में धूल कणों से युक्त रूप में आकाश हलका भूरा दिख रहा था। मंगल ग्रह पर मिले टुकड़े को चित्र 55 में दिखाया गया है।

चित्र 55 : मंगल ग्रह पर मिला टुकड़ा

पाथ फाइंडर मिशन का मुख्य केंद्र सोजोर्नर था, जो छह पहियोंवाली एक छोटी बग्घी है। इसे एक रोबोट या कृत्रिम मानव की संज्ञा भी दी जा सकती है। पाथ फाइंडर में दो शक्तिशाली कैमरे लगाए गए थे। इनमें दो लेंस और 24 फिल्टर लगे हैं, जिनकी सहायता से रंगीन स्टीरियोस्कोपिक चित्र लिये जा सकते हैं। पाथ फाइंडर में लगे कैमरों की एक विशेषता यह भी है कि ये 360° पर घूमकर चित्र ले सकते हैं तथा ये कैमरे दूर तक देखने की क्षमता भी रखते हैं। सोजोर्नर के द्वारा मंगल ग्रह के विषय में अनेक प्रकार की जानकारी प्राप्त हुई है। प्रेक्षणों से विदित हुआ है कि इसकी चट्टानें कई परतों से मिलकर बनी हुई हैं। पहले ऐसा अनुमान लगाया गया था कि मंगल ग्रह से देखने पर शायद आकाश नीला दिखाई दे, परंतु ऐसी बात नहीं थी। पाथ फाइंडर मिशन के अंतर्गत मंगल की सतह पर उतरी छह पहियों की गाड़ी सोजोर्नर को चित्र 56 में दरशाया गया है।

चित्र 56 : पाथ फाइंडर मिशन के अंतर्गत मंगल की सतह पर सोजोर्नर

सोजोर्नर अपने किस्म की पहली अनोखी बग्घी है, जो किसी ग्रह पर बिलकुल अकेले रूप में छोड़ी गई है। इसमें लगे यंत्रों में सबसे महत्त्वपूर्ण यंत्र है 'अल्फा प्रोटॉन एक्सरे स्पेक्ट्रोमीटर', जो चट्टानों और मिट्टी का परीक्षण करने में सक्षम है। इसका संचालन 19 करोड़ किलोमीटर दूर नासा के नियंत्रण कक्ष में बैठे वैज्ञानिकों के हाथ में था। जिस पहली चट्टान का इस स्पेक्ट्रोमीटर ने अध्ययन किया उसे 'बार्नेकिल बिल' का नाम दिया गया। उसमें पृथ्वी पर पाई जानेवाली

चट्टानों की तरह क्वाट्र्ज की मात्रा अधिक थी। ये क्वाट्र्ज समुद्र के किनारे मिलने वाली रेत में विद्यमान क्वाट्र्ज से बहुत मिलता-जुलता था। इस चट्टान में क्वाट्र्ज के अलावा फेल्सस्पार एवं ऑर्थोपायरॉक्साइड भी पाए गए हैं। ये दोनों ही तत्त्व पृथ्वी पर चट्टानों में पाए जानेवाले सामान्य खनिजों में से हैं। इससे यह भी सिद्ध हुआ कि मंगल का भूगर्भीय इतिहास चंद्रमा की अपेक्षा पृथ्वी से अधिक समानता रखता है। इसका रासायनिक संघटन पृथ्वी पर पाए गए उन ए.एल.एच. 84001 उल्का पिंडों के समान था, जिनके बारे में वैज्ञानिकों का अनुमान है कि वे मंगल ग्रह पर अरबों वर्ष संघटित हुए होंगे।

'बार्नेकिल बिल' के बाद सोजोर्नर गाड़ी एक और बहुत बड़ी चट्टान की ओर बढ़ी, जिसका आकार किसी सोते हुए भालू के समान था। 'योगी' (चित्र 57) नामक इस चट्टान का अध्ययन करते हुए गाड़ी का एक पहिया चट्टान में फँस गया (चित्र 58 एवं 59)। इस कारण कुछ समय के लिए वैज्ञानिक चिंतित हो गए; परंतु शीघ्र ही वे उच्च गतिवाले एंटीना के माध्यम से पाथ फाइंडर से पुनः संपर्क बनाने में सफल हो गए। उन्होंने एंटीना द्वारा ऐसे संदेश भेजे जिनसे सोजोर्नर का पहिया स्वतः ही चट्टान से बाहर निकल आया और उसने फिर से कार्य करना आरंभ कर दिया।

चित्र 57 : योगी रॉक

चित्र 58 : योगी की ओर बढ़ता सोजोर्नर

चित्र 59 : योगी में फँसा सोजोर्नर का पहिया

सोजोर्नर पाथ फाइंडर मिशन के नायक के रूप में प्रख्यात हुआ। वस्तुत: सोजोर्नर का अर्थ है—भ्रमण करनेवाला यात्री। सोजोर्नर नामक एक अमेरिकी समाज-सुधारक श्री सोजोर्नर ट्रुथ के नाम पर रखा गया है। सोजोर्नर ट्रुथ अमेरिकी सिविल वार के समय थे तथा समाज-सुधारक के रूप में उनकी बड़ी महत्त्वपूर्ण भूमिका रही है। वे विश्व के लोगों के कल्याण के विषय में सोचते रहते थे।

पाथ फाइंडर ने मानव की आशाओं के अनुरूप महत्त्वपूर्ण कार्य किया है तथा मौसम संबंधी उपकरणों की सहायता से मंगल ग्रह के मौसम की जानकारी भी भेजी है। इसके अनुसार मंगल की सतह पर एक ऐसी जगह भी है जहाँ दोपहर के समय भी तापमान शून्य से बहुत कम होता है। पृथ्वी पर कुछ स्थानों पर ऐसा

होता है। इससे भी यह सिद्ध होता है कि मंगल का पर्यावरण बहुत कुछ पृथ्वी जैसा ही है।

सन् 1998 के लैंडर तथा ऑर्बिटर मिशनों के बाद नासा ने 2001 एवं 2003 में छोड़े जानेवाले कुछ और ऑर्बिटर व लैंडर मिशनों की योजना बनाई। 7 नवंबर, 1996 को भेजा गया अमेरिकी मिशन मार्स ग्लोबल सर्वेयर सफलतापूर्वक मंगल ग्रह के चक्कर लगा रहा है तथा इसकी सतह और वायुमंडल का चित्रण कर चुका है। इस मिशन की कार्यशीलता जनवरी 2004 तक थी। इससे पूर्व भेजे गए दो अमेरिकी मिशन मार्स क्लाइमेट ऑर्बिटर सितंबर 1999 में मंगल से टकराकर ध्वस्त हो गया। इसके दस सप्ताह पश्चात् मंगल पर उतरते समय इंजन बंद हो जाने के कारण पोलर लैंड भी मंगल की सतह से टकराकर नष्ट हो गया।

मार्स ओडिसी

आर्थर सी. क्लार्क ने अरसा पूर्व '2001 : स्पेस ओडिसी' नामक विज्ञान गल्प की रचना की थी। उसी नाम के अनुकरण पर नासा ने मंगल ग्रह की ओर एक मिशन भेजा है, जिसे '2001 : मार्स ओडिसी' नाम दिया गया है। 7 अप्रैल, 2001 को केनेडी अंतरिक्ष केंद्र से उक्त मिशन अपने लक्ष्य की ओर रवाना हुआ और संभवत: 46 करोड़ किलोमीटर की यात्रा 6 माह में पूरी करके अक्तूबर 2001 के अंत में मंगल तक पहुँच गया। नासा ने मंगल ग्रह के अध्ययन हेतु बीस वर्षीय एक योजना बनाई है।

स्पिरिट एवं अपॉर्च्युनिटी योजना

अंतरिक्ष-विज्ञानियों ने मंगल ग्रह के बारे में और भी अधिक जानकारी प्राप्त करने के लिए नासा से दो मिशन मंगल ग्रह की ओर भेजे हैं। नासा ने 10 जून, 2003 को मार्स एक्सप्लोरर रोवर 'स्पिरिट' नामक मिशन मंगल की ओर रवाना किया। इसी क्रम में 7 जुलाई, 2003 को अपॉर्च्युनिटी नामक मिशन भेजा है, जो वस्तुत: स्पिरिट के सदृश ही है। स्पिरिट (चित्र 60) तथा अपॉर्च्युनिटी (चित्र 61 एवं 62) दोनों रोबोटिक मिशन हैं।

चित्र 60 : स्पिरिट

चित्र 61 : अपॉर्च्युनिटी

चित्र 62 : अपॉर्च्युनिटी मंगल ग्रह पर

मार्स एक्सप्लोरर रोवर स्पिरिट नामक मिशन ने सफलतापूर्वक 4 जनवरी, 2004 को भारतीय समयानुसार प्रातः 8.69 बजे मंगल की सतह को स्पर्श किया। नासा को जैसे ही रोवर से सिगनल मिले, नासा के जेट प्रपल्शन प्रयोगशाला के वैज्ञानिकों में प्रसन्नता की लहर छा गई।

25 जनवरी, 2004 की रात को स्पिरिट का हमशक्ल 'अपॉर्च्युनिटी' भी मंगल की सतह का संस्पर्श कर चुका है। इन दोनों ने आरंभिक परीक्षण भी आरंभ कर दिए हैं। 'स्पिरिट' तथा 'अपॉर्च्युनिटी' मंगल के क्रमशः 'गुसेव क्रेटर' तथा मेरिडियन प्लेनम पर उतरे हैं। मेरिडियन प्लेनम (चित्र 63) समतल सतहवाला एक पठारी क्षेत्र है, जो गुसेव से 10,620 किलोमीटर की दूरी पर स्थित है। स्पिरिट तथा अपॉर्च्युनिटी दोनों को मिलाकर मंगल ग्रह के अभियान पर लगभग 32 करोड़ डॉलर खर्च किए गए हैं

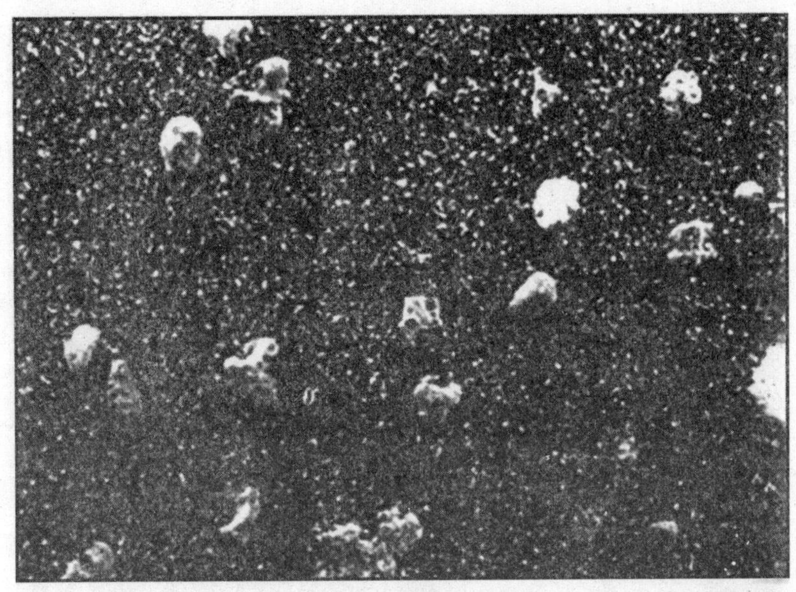

चित्र 63 : मेरिडियन प्लेनम

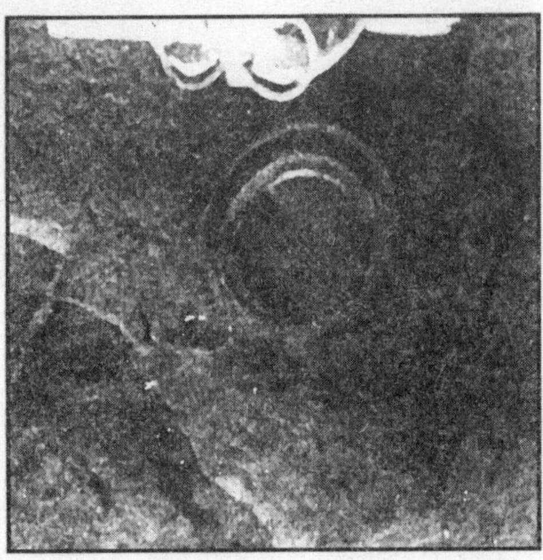

चित्र 64 : स्पिरिट द्वारा मंगल की चट्टानों का वेधन

रोबोटों में आई खराबी के कारण कुछ दिन तक स्पिरिट वैसे ही पड़ा रहा तथा उसका नासा से संपर्क टूट गया था। नासा के वैज्ञानिकों ने बहुत मेहनत करके स्पिरिट को ठीक कर दिया। स्पिरिट ने मंगल की सतह पर एक चट्टान में पहला छोटा छेद (चित्र 64) किया है।

इससे वैज्ञानिकों को मंगल के भूगर्भ में विद्यमान तत्त्वों के साथ उसके इतिहास की भी जानकारी प्राप्त हो सकेगी। इस चट्टान का नाम 'एडिरॉनडैक' (चित्र 65) रखा गया। नासा के वैज्ञानिकों के अनुसार मंगल की चट्टान बहुत कठोर है, इसलिए इस छोटे से छिद्र की खुदाई में लगभग 3 घंटे का समय लगा। वैज्ञानिकों ने

स्पिरिट के निकट ही मौजूद 'शाशिमि' नामक चट्टान की अपेक्षा एडिरॉनडैक को जाँच के लिए चुने जाने का कारण यह बताया कि एडिरॉनडैक से विगत की पर्यावरणीय अवस्थाओं के बारे में पता लगाने की अधिक आशा है। शाशिमि एडिरॉनडैक की अपेक्षा अधिक रेतीली है। स्पिरिट को गुसेव क्रेटर में विद्यमान चट्टानों तथा मिट्टी का अध्ययन करके यह बताना है कि क्या वहाँ कभी पानी मौजूद रहा होगा तथा क्या वहाँ जीवन मौजूद होने की कोई संभावना हो सकती है? एडिरॉनडैक के निकट स्पिरिट की तसवीर भी ली गई है।

चित्र 65 : एडिरॉनडैक चट्टान

मंगल ग्रह पर जीवन की खोज के लिए भेजे गए दूसरे अंतरिक्ष यान अपॉर्च्युनिटी द्वारा जो तसवीरें भेजी गई हैं, उन्हें देखकर वैज्ञानिक अचंभित हो गए। वस्तुत: अपॉर्च्युनिटी स्पिरिट का ही दूसरा रूप है, जिसे ग्रह के दूसरी ओर उतरने के लिए प्रोग्रामित किया गया था। इसके उतरने के लिए इस स्थान का चुनाव इसलिए किया गया था, क्योंकि यहाँ लौह प्रचुर हीमेटाइट बहुत मात्रा में उपलब्ध होने की संभावना है। सामान्य तौर पर यह बहुमूल्य खनिज पृथ्वी पर जल की उपस्थिति में बनता है। अत: वैज्ञानिकों का यह मानना है कि हीमेटाइट का वहाँ पाया जाना इस बात का द्योतक है कि वहाँ कभी जल अवश्य रहा होगा। अपॉर्च्युनिटी यान के प्रस्थान के पहले की गई जाँच आदि को चित्र 66 में दरशाया गया है।

चित्र 66 : अपॉर्च्युनिटी की प्रस्थान पूर्व जाँच

नासा से प्राप्त सूचनाओं के अनुसार मंगल पर उतरे उसके दोनों रोवरों ने सतह पर मिट्टी तथा चट्टानों के अध्ययन का कार्य आरंभ कर दिया है। अपॉर्च्युनिटी ने सतह की जानकारी लेनेवाले अति आधुनिक उपकरणों से सुसज्जित अपनी यांत्रिक भुजाएँ खोलकर प्रत्येक उपकरण की तसवीर नासा को भेज दी है। अपॉर्च्युनिटी द्वारा भेजी गई श्वेत-श्याम तथा रंगीन तसवीरें (चित्र 67) बताती हैं कि यह एक चट्टानी सतह पर उतरा है, जो मार्स अन्वेषण रोवर मिशन के वैज्ञानिकों के लिए बहुत महत्त्वपूर्ण है। नासा द्वारा जारी किए गए चित्र में बहुत विस्तृत भाग में लाल मिट्टी तथा पर्वत

चित्र 67 : अपॉर्च्युनिटी द्वारा भेजा गया मंगल की सतह का चित्र

शृंखला जैसा दृश्य दिखाई देता है।

अपॉर्च्युनिटी द्वारा भेजे गए चित्र स्पिरिट द्वारा भेजे गए चित्रों से सर्वथा भिन्न हैं। अभी तक नासा द्वारा भेजे गए दोनों रोवर सटीक काम कर रहे हैं। अभी भी नासा के वैज्ञानिक अपॉर्च्युनिटी के अगले झुकाव के समायोजन में लगे हुए हैं, जिससे रोबोट को आगे बढ़ने में सुगमता हो। इसके लिए झुकाव में 5° का अंतर लाना होगा। नासा के वैज्ञानिक आशान्वित हैं कि समय रहते यह कार्य भी हो जाएगा तथा 173 किलोग्रामवाले दोनों रोवर अथवा उनमें से कम-से-कम एक 90 दिन का अपना निर्धारित कार्यकाल पूरा करने के बाद भी मंगल ग्रह पर टिका रह सकेगा। हाल ही में प्राप्त मंगल की तसवीरों में वहाँ नीले-सफेद बादलों की उपस्थिति (चित्र 68) देखी गई है।

चित्र 68 : मंगल पर नीले-सफेद बादल

□

बीगल-2 मिशन

अगस्त 2003 में मंगल पृथ्वी के अत्यंत निकट आ गया था। तब पृथ्वी से इसकी दूरी मात्र 5.58 करोड़ किलोमीटर रह गई थी। विगत 73,000 वर्षों में पहली बार मंगल पृथ्वी के इतना समीप था। ऐसा अनुमान है कि सन् 2287 में मंगल ग्रह धरती के और भी समीप आ जाएगा। तब यह वर्तमान दूरी 70,000 किलोमीटर और घट जाएगी।

मंगल से पृथ्वी की नजदीकी का लाभ उठाते हुए यूरोपीय अंतरिक्ष एजेंसी (EAS) ने मार्स एक्सप्रेस की सहायता से बीगल-2 नामक मिशन मंगल की ओर भेजा है। बीगल-2 को जून 2003 को कजाकिस्तान के बैकानूर स्थित अंतरिक्ष केंद्र से रूसी सोयूज रॉकेट से प्रक्षेपित किया गया।

बीगल-2 को ले जानेवाले सोयूज को 'मार्स एक्सप्रेस' नाम दिया गया है। बीगल-2 का निर्माण ब्रिटेन ने किया है तथा इसका प्रतीकात्मक नामकरण उस जहाज के नाम पर किया गया है, जिस पर सवार होकर चार्ल्स डार्विन ने कई द्वीपों की यात्रा की थी।

ब्रिटेन निर्मित अन्वेषी यान 'बीगल-2' अपने मातृयान मार्स एक्सप्रेस (चित्र 69) से 19 दिसंबर, 2003 को ही अलग हो गया। वैज्ञानिकों को उस समय आघात पहुँचा जब क्रिसमस के दिन मंगल पर उतरनेवाला प्रोब बीगल-2 अंतरिक्ष में कहीं खो गया। 34 किलो वजनी बीगल-2 को मार्स एक्सप्रेस से अलग होकर भारतीय समयानुसार 25 दिसंबर को प्रातः 6.15 बजे मंगल के ऊपरी वातावरण में पहुँच जाना चाहिए था तथा इसके लगभग 7.5 मिनट बाद इसे गैस के गुब्बारों और पैराशूट के जरिए मंगल के उत्तरी गोलार्द्ध पर उतरना था एवं उतरने के साथ ही इसके सोलर पैनलों को खुलना था, जिससे कि वह आरंभिक सिगनल भेज सके। इस अभियान के प्रमुख कोलिन पिलिंगर के अनुसार,

यह आशा व्यक्त की गई कि बीगल-2 इस लाल ग्रह से उठनेवाले धूल भरे तूफान में ध्वस्त हो गया हो। वहीं दूसरे पक्ष के वैज्ञानिकों को आशा है कि हो सकता है कि बीगल-2 सकुशल मंगल की सतह पर उतर चुका हो और किसी भी समय अपने सिगनल भेज दे। यद्यपि बीगल के बारे में अभी भी संशय की स्थिति बनी हुई है तथापि अधिकांश विज्ञानी मानने लगे हैं कि बीगल कहीं खो गया है।

चित्र 69 : मार्स एक्सप्रेस आर्बिटर

इसी प्रकार जापानी आर्बिटर 'नोजोमी' को भी मंगल की कक्षा में दिसंबर 2003 में प्रवेश कर जाना था, परंतु ऐसा नहीं हो सका और अब उसे सूर्य की कक्षा में डाल दिया गया है। अब तक कुल लगभग 30 अभियान मंगल की ओर भेजे जा चुके हैं, जिनमें से 20 असफल रहे हैं। इनमें अधिकांश के परिणामों को सारणी-8 में दरशाया गया है।

सारणी-8

मंगल ग्रह पर भेजे अभियान का अंकपट

प्रोब	*प्रमोचन वर्ष*	*देश*	*परिणाम*
मार्स-1	1962	यू.एस.एस.आर. *	असफल
मेरिनर-3	1964	यू.एस.	असफल
मेरिनर-4	1964	यू.एस.	सफल
जोंड-2	1964	यू.एस.एस.आर.	असफल
मेरिनर-6	1969	यू.एस.	सफल
मेरिनर-7	1969	यू.एस.	सफल
मेरिनर-8	1971	यू.एस.	असफल
मेरिनर-9	1971	यू.एस.	सफल
मार्स-2	1971	यू.एस.एस.आर.	असफल
मार्स-3	1971	यू.एस.एस.आर.	असफल
मार्स-4	1973	यू.एस.एस.आर.	असफल
मार्स-5	1973	यू.एस.एस.आर.	सफल
मार्स-6	1973	यू.एस.एस.आर.	असफल
मार्स-7	1973	यू.एस.एस.आर.	असफल
वाइकिंग-1	1975	यू.एस.	सफल
वाइकिंग-2	1975	यू.एस.एस.आर.	असफल
फोबोस-1	1988	यू.एस.एस.आर.	असफल
फोबोस-2	1988	यू.एस.एस.आर.	असफल
मार्स ऑब्जर्वर	1992	यू.एस.	असफल
मार्स ग्लोबल सर्वेयर	1996	यू.एस.	सफल
मार्स पाथ फाइंडर	1996	यू.एस.	सफल
नोजोमी (प्लेनेट-बी)	1998	जापान	अनिश्चित, नोदन में समस्या
मार्स क्लाइमेट आर्बिटर	1998	यू.एस.	असफल
मार्स पोलर लैंडर	1999	यू.एस.	असफल
मार्स ओडिसी	2001	यू.एस.	सफल

* यू.एस.एस.आर.—पूर्व सोवियत यूनियन।

□

मंगल पर जल या जीवन

किसी भी ग्रह पर जीवन के लिए जल की उपलब्धता अनिवार्य है। जल की उपस्थिति ही जीवन की संभावना को दरशाती है। 'मार्स ओडिसी' यान ने जून 2003 में मंगल के जो चित्र भेजे हैं, उनके अवलोकन से ऐसा आभास होता है कि उसके उत्तरी ध्रुव पर सतह के नीचे जमी हुई बर्फ है। इस पक्ष के संदर्भ में अमेरिकी-रूसी वैज्ञानिकों ने 'साइंस' नामक अनुसंधान पत्रिका में विस्तार से वर्णन भी किया है।

एरिजोना विश्वविद्यालय से संबंधित बिल बायनटन का मानना है कि लाल ग्रह के उत्तरी ध्रुव की सतह के नीचे बर्फ की मौजूदगी अतीत में सूक्ष्म जीवों की खोज को बल देती है। अमेरिकी-रूसी वैज्ञानिकों के दल ने जिसकी खोज की है, वह वस्तुतः घनीभूत हाइड्रोजन है, जो ऑक्सीजन से मिलकर जल बनाती है। यह पानी की संरचना के लगभग है। बायनटन का मानना है कि वहाँ इतनी अधिक मात्रा में हाइड्रोजन है कि वह किसी अन्य में हो ही नहीं सकती। सामान्यतया थोड़ी मात्रा में पानी धरती की मिट्टी और चट्टानों में पाया जाता है, परंतु मंगल के उत्तरी ध्रुव पर उन्हें जो कुछ भी दिख रहा है, वह आयतनात्मक रूप से 80-90 प्रतिशत बर्फ है।

मार्स ओडिसी द्वारा प्राप्त नवीनतम चित्रों के आधार पर मेलबोर्न विश्वविद्यालय के निक हॉफमैन कहते हैं कि मंगल के हेलास बेसिन में जमी बर्फ के जो प्रमाण मिले हैं, उसकी तुलना अंटार्कटिक की बर्फीली चोटियों से की जा सकती है। यहाँ पर सूक्ष्म जीव रासायनिक ऊर्जा के सहारे अपना अस्तित्व बनाए हुए हैं। इसी आधार पर मंगल पर जीवन की खोज की जा सकती है। मंगल पर कीचड़ के निशान (चित्र 70) भी पानी की पुष्टि करते हैं।

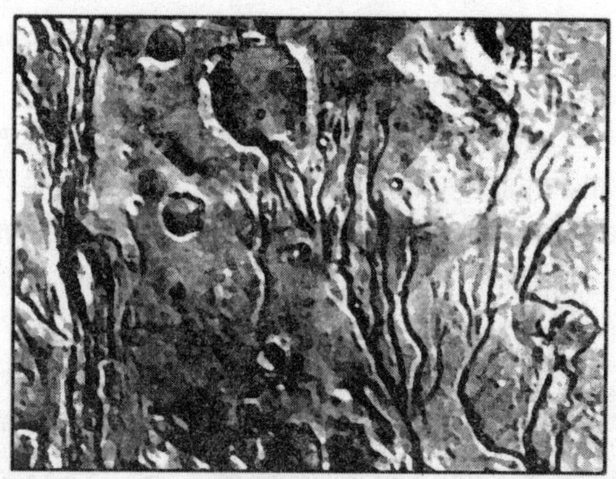

चित्र 70 : मंगल पर कीचड़ के निशानों से पानी की पुष्टि

मार्स एक्सप्रेस के उच्च विभेदन क्षमतावाले स्टीरियो कैमरा (एच.आर.एस.सी.) ने मंगल के दक्षिणी ध्रुव की जो तसवीर भेजी है (चित्र 71) उसमें नहर या नदी के बहाव से बनी संरचनाएँ स्पष्ट दृष्टिगोचर होती हैं।

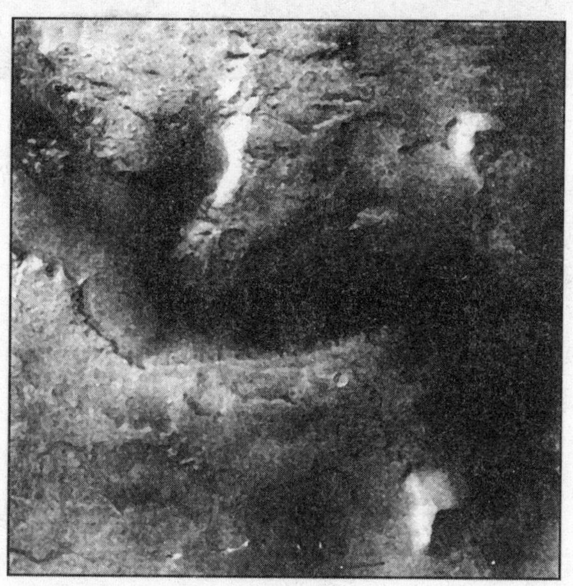

चित्र 71 : मार्स एक्सप्रेस द्वारा लिया गया मंगल के दक्षिणी ध्रुव का चित्र

मंगल के दक्षिणी बर्फीली टोपी के आरंभिक मानचित्र में 18 जनवरी, 2004 को 'ओमेगा' (संयुक्त कैमरा तथा अवरक्त स्पेक्ट्रोमीटर) ने पानी और कार्बन

डाइऑक्साइड की घनीभूत बर्फ की उपस्थिति दरशाई थी। इसकी सुनिश्चितता भी शीघ्र ही उच्च विभेदन क्षमतावाले स्पेक्ट्रोमीटर 'पी.एफ.एस.' ने कर दी।

मंगल की 'वेलीस मारीनेरिस' खड्ड के दक्षिण-उत्तर दिशा में 1700 किलोमीटर लंबी एवं 65 किलोमीटर चौड़ी पट्टी की तसवीर में एक विहंगम दृश्य दृष्टिगोचर होता है। यद्यपि इनमें पानी के बहाव से बनी संरचनाएँ दिखाई पड़ती हैं, परंतु पानी का नामोनिशान नहीं है। दोपहर में मंगल की स्थिति को चित्र 72 में दरशाया गया है।

चित्र 72 : दोपहर में मंगल की स्थिति

दूसरा पक्ष

यूरोपीय अंतरिक्ष एजेंसी के डेविड साउथवुड का मानना है कि मंगल पर पानी के संदर्भ में अभी तक जो निष्कर्ष निकाले गए थे, वे अप्रत्यक्ष सूचनाओं के आधार पर थे। वैज्ञानिकों के एक पक्ष का मानना है कि पनीली संरचनाएँ पानी की न बनी होकर कार्बन डाइऑक्साइड निर्मित भी हो सकती हैं।

मंगल की ओर भेजे गए दोनों रोवरों में पाँच महत्त्वपूर्ण वैज्ञानिक उपकरण तथा एक चट्टान अपघर्षी उपकरण लगाया गया है। नासा की जेट प्रोपल्शन प्रयोगशाला ने पैन कैमरा, एरिफोना स्टेट विश्वविद्यालय ने सूक्ष्म तापीय उत्सर्जक स्पेक्ट्रोमीटर, जोहांस गुटेनबर्ग विश्वविद्यालय, जर्मनी ने मोसाबायर स्पेक्ट्रोमीटर, मैक्स प्लैंक इंस्टीट्यूट फॉर केमिस्ट्री, जर्मनी ने एल्फा पार्टिकल एक्स-रे स्पेक्ट्रोमीटर और जेट प्रोपल्शन लैब ने सूक्ष्मदर्शीय इमेजर प्रदान किया है। हानीबी रोबोटिक्स, न्यूयॉर्क ने आर.ए.टी. नामक उपकरण उपलब्ध करवाया है। इतने अत्याधुनिक उपकरणों से परिपूर्ण यान के होते हुए भी 'नासा' अब मानने लगा है कि जीवन के

साक्ष्य मिलने का उपयुक्त स्थल 'स्पिरिट' की रेंज से बाहर हो गया है।

गुसेव क्रेटर (रूसी वैज्ञानिक मैत्वई गुसेव के नाम पर) में 'स्पिरिट' उतरा है। उसके बारे में प्राचीन अवधारणा यह रही है कि वहाँ कभी गहरी झील थी; परंतु वैज्ञानिक सच्चाई तो यह है कि वहाँ कभी झील थी ही नहीं। किन्हीं अन्य कारणों से निर्मित यह खड्ड किसी ज्वालामुखीय पर्वत से निकले मलबे से आच्छादित था, जो तेज हवा के झोंकों से इधर-उधर बिखर गया है। प्रबुद्ध वैज्ञानिक जिस झील की तलछट मिलने हेतु आशान्वित थे, वह 4 अरब वर्ष की भूगर्भीय सक्रियता के कारण या तो बहुत नीचे दब चुकी है अथवा वहाँ से उड़कर अन्यत्र बिखर चुकी है।

मंगल पर जीवन की संभावना जटिल प्रश्न है। नासा के मार्स मिशन के एक प्रभारी स्टीव स्क्योर्स की अवधारणा है कि यदि ये रोबोट मंगल पर पानी का संधान कर लेते हैं तो वैज्ञानिकों को इस आधारभूत सिद्धांत पर पुनर्विचार करना होगा कि जल ही जीवन का आधार है।

इस समय पाँच अन्वेषी यान मंगल पर अन्वेषण करने में रत हैं। नासा के दो उपग्रह, एक यूरोपीय अंतरिक्ष एजेंसी का मार्स एक्सप्रेस आर्बिटर तथा नासा के ही दो रोबोट उसकी सतह पर हैं। दोनों रोबोट स्पिरिट और अपॉर्च्युनिटी मंगल की सतह पर घूमकर वहाँ की चट्टानों और मिट्टी के नमूने ले रहे हैं। स्पिरिट द्वारा मंगल की मिट्टी की जाँच हेतु तैयारी को चित्र 73 में दरशाया गया है।

चित्र 73 : स्पिरिट द्वारा मंगल की मिट्टी का परीक्षण

उक्त दोनों रोबोट जैव वैज्ञानिक तरीकों से निमित्त हैं, जो अपना सारा ध्यान मंगल की रासायनिक संरचनाओं पर केंद्रित करेंगे। बीगल–2 मंगल के इसिडिस बेसिन में एक ही स्थल पर स्थापित होकर रोबोट भुजा से चट्टानों और मिट्टी के नमूनों में जीवन की संभावनाओं की पड़ताल करेगा। जापानी मिशन 'नोजोमी आर्बिटर' मंगल की मात्र परिक्रमा करेगा और उसके चित्र लेगा।

मंगल ग्रह पर विचरण कर रहे नासा के यान स्पिरिट ने मंगल पर पानी होने के नए तथ्य जुटाए हैं। यान ने लाल ग्रह की सतह के नीचे सांद्र लवणीय पदार्थों का पता लगाया है, जो वहाँ किसी समय पानी होने का संकेत देते हैं। मंगल अभियान से जुड़े वैज्ञानिकों का कहना है कि लवण होने के प्रमाण उस स्थान से मिले हैं, जहाँ की चट्टान में स्पिरिट ने छेद किया था। वैज्ञानिकों का मानना है कि ये पदार्थ पानी के मिट्टी में प्रवेश करने से जमा हुए होंगे। मिशन के प्रमुख वैज्ञानिक स्टीव स्ववीरेज का मानना है कि ये प्रमाण अब तक मिले प्रमाणों की अपेक्षा अधिक महत्त्वपूर्ण माने जा सकते हैं। नासा ने इस वर्ष घोषणा की थी कि एक अन्य रोवर अपॉर्च्युनिटी ने मंगल के दूसरे छोर पर कभी पानी होने के प्रमाण जुटाए हैं। ये परिस्थितियाँ जीवन के लिए उपयुक्त बताई गई थीं।

दिवंगत अंतरिक्ष-विज्ञानियों के प्रति कृतज्ञता

मंगल ग्रह पर कोलंबिया के अंतरिक्ष–विज्ञानियों की स्मृति में उनके प्रति कृतज्ञतास्वरूप मार्स अन्वेषण रोवर स्पिरिट के हाई–गेन एंटीना पर एक प्लाक (चित्र 74) लगाया गया है। इसे मार्स एक्सप्लोरेशन रोवर के इंजीनियरों ने डिजाइन किया है। इन अंतरिक्ष–विज्ञानियों के सम्मान में जिस स्थान पर स्पिरिट उतरा है, उसे 'कोलंबिया स्मृति केंद्र' का नाम दिया गया है। इसी प्रकार चैलेंजर दुर्घटना में दिवंगत विज्ञानियों के नाम पर अपॉर्च्युनिटी जिस स्थान

चित्र 74 : स्मृति प्लाक

पर उतरा था, उसे 'चैलेंजर स्मृति केंद्र' का नाम दिया गया है।

मंगल पर मानव बस्तियाँ : वैज्ञानिकों का स्वप्न

कई वैज्ञानिकगण मंगल को मानव की नई बस्ती बनाने के प्रति आशान्वित हैं। नासा के वैज्ञानिक डॉ. क्रिस्टोफर मैके तथा एक ब्रिटिश व कनाडा के सहयोगी वैज्ञानिक ने प्रस्ताव रखा है कि मंगल के वायुमंडल में कार्बन डाइऑक्साइड तथा अन्य गैसों की मात्रा बहुत बढ़ा दी जाए। इससे 'ग्रीन हाउस' प्रभाव बढ़ेगा, मंगल ग्रह में गरमी बढ़ेगी और जमी हुई बर्फ पिघलेगी। अत: जब वहाँ गरमियों का तापमान 0 से 10° सेल्सियस नीचे तक रह जाएगा तो वहाँ ऐसी वनस्पतियाँ उगाई जा सकती हैं जैसी पृथ्वी पर आर्कटिक क्षेत्र में उगती हैं। आरंभ में वहाँ मानव को बंद गुंबदों में कृत्रिम वातावरण में रहना होगा, परंतु 50 से 100 वर्षों में मंगल का वायुमंडल बहुत घना हो जाएगा। कार्बन डाइऑक्साइड से ऑक्सीजन तैयार की जाएगी। ऐसा अनुमान है कि 1000 वर्ष के भीतर वहाँ नगर बन जाएँगे। परंतु कई अन्य वैज्ञानिक इसे मात्र स्वप्न ही मानते हैं। उनका यह मानना है कि कार्बन डाइऑक्साइड तथा अन्य ग्रीन हाउस प्रभाव उत्पन्न करनेवाली गैसों और क्लोरो-फ्लोरो कार्बन रसायनों की मात्रा इतने बड़े पैमाने पर बढ़ा देना कोई आसान कार्य नहीं है। इस हेतु इतनी मात्रा में धन एवं श्रम संभव नहीं है।

लंदन विश्वविद्यालय के खगोल वैज्ञानिक डॉ. रिचर्ड टेलर ने मंगल पर मानव बस्ती बनाने का एक दूसरा ही विचार प्रस्तुत किया है। वे इसे 'पैरा टैराफार्मिंग' कहते हैं। इंजीनियरी के करिश्मे से वहाँ 'विश्व घर' बनाए जा सकते हैं। उनका मानना है कि मंगल की 85 प्रतिशत सतह के ऊपर लगभग 2-3 किलोमीटर ऊँचाई पर छत बनाई जा सकती है। वह छत मकानों और खंभों पर टिकी रहेगी। छत हलकी प्लास्टिक से बनी होगी और उसे हलके पाइपों का सहारा दिया जाएगा। कुल मिलाकर वह मधुमक्खी के छत्ते की तरह दिखाई देगी और गैसों को बाहर नहीं निकलने देगी। इस छत के भीतर बिलकुल पृथ्वी के समान वायुमंडल तैयार किया जाएगा। डॉ. टेलर का कहना है कि ये कार्य मंगल में उपलब्ध साधन-स्रोतों से ही कर लिये जाएँगे। बस्ती बनाने का कार्य छोटी-छोटी इकाइयों के रूप में किया जाएगा, जिससे वहाँ धीरे-धीरे मानव बसने लगें तथा बस्ती बनाने का कार्य भी आगे बढ़ता रहे।

पश्चिमी देशों और नासा के अनेक अंतरिक्ष वैज्ञानिक मंगल पर मानव भेजने और वापस लाने की उड़ान परियोजनाओं पर काम कर रहे हैं। प्रसिद्ध अंतरिक्ष

वैज्ञानिक ब्रेट डेरेक का मानना है कि आगामी 25 वर्षों में मंगल पर नियमित रूप से मानवीय अनुसंधान किए जा सकने की आशा है। डेरेक तथा उनके सहयोगी वैज्ञानिकों ने तो मंगल को मनुष्य के रहने योग्य बनाने की परियोजना पर काम भी आरंभ कर दिया है। उनके अनुसार, सबसे प्राथमिकता का कार्य होगा अंतरिक्ष यानों की गति बढ़ाना, जिससे वे तीन महीने में ही मंगल पर पहुँच जाएँगे। प्रतिवर्ष वहाँ 12 से 14 वैज्ञानिकों को भेजा जाएगा। ये वैज्ञानिक वहाँ चलनेवाली धूल भरी आँधियों तथा सौर विकिरणों का अध्ययन करेंगे और वहाँ पौधे उगाने का भी प्रयास करेंगे। उन वैज्ञानिकों को मंगल ग्रह पर पहनने के लिए विशेष प्रकार के सूट तैयार किए गए हैं।

चूँकि मंगल का वायुमंडल ऐसा है कि ध्वनि तरंग एक स्थान से दूसरे स्थान तक नहीं जा सकती, इसलिए वे रेडियो के माध्यम से बात करेंगे। मंगल ग्रह पर जाने और बसने के लिए सबसे बड़ी चुनौती है वहाँ के तापमान को नियंत्रित करना और रहने लायक बनाना। यद्यपि यह कार्य बहुत दुष्कर लगता है, परंतु मानव का निरंतर उत्साही प्रयास कभी-न-कभी मंगल ग्रह पर मंगल अवश्य करेगा।

मंगल ग्रह हेतु भावी योजनाएँ

नासा के वैज्ञानिक लगभग 30 करोड़ डॉलर की एक परियोजना तैयार कर रहे हैं, जिसके अंतर्गत जीन अभियांत्रिक बीजों की पहली खेप एवं जेलीफिश के अंडे वर्ष 2007 में मंगल पर भेजे जाएँगे। इन बीजों को उगाने के लिए सूक्ष्म ग्रीन हाउस एवं रोबोटिक माली भी भेजे जाएँगे। रोबोटिक माली मंगल की मिट्टी का विश्लेषण कर उसे उर्वर बनाएगा और सरसों की विभिन्न किस्मों के अंकुर तैयार करेगा। इस बीच अंतरिक्ष यान पर लगे कैमरे व विभिन्न उपकरणों की सहायता से इस पूरी प्रक्रिया की सूचनाएँ पृथ्वी पर पहुँचती रहेंगी।

वर्ष 2007 में अमेरिका मंगल ग्रह पर एक विशेष यान भेजेगा, जो मंगल पर नमूने जमा कर वर्ष 2009 से 2011 के बीच पृथ्वी पर पुनः लौटेगा। नासा के विद्वान् वैज्ञानिक डेनियल गोइडिन के अनुसार वर्ष 2020 तक अमेरिका मानव को भी मंगल की सैर करा देगा।

वैज्ञानिकों ने ऐसी योजनाएँ बनाई हैं जिनके अनुसार सन् 2015-2030 तक अंतरिक्ष यानों की गति बढ़ जाएगी और वे तीन महीने में मंगल ग्रह पर पहुँच जाएँगे। प्रतिवर्ष 12 से 14 वैज्ञानिकों को वहाँ भेजा जाएगा, जो मंगल की सतह के साथ-साथ वहाँ पर आनेवाली धूल भरी आँधियों और सौर विकिरण का अध्ययन करेंगे।

साथ ही, वे वहाँ पौधे उगाने का प्रयास भी करेंगे। ये मंगल यात्री अति उन्नत प्रेशराइज्ड स्पेस सूट पहनेंगे।

सन् 2030–2080 तक ऐसा अनुमान है कि मंगल ग्रह की सबसे बड़ी चुनौती होगी वहाँ के तापमान को 60° सेल्सियस से 40° सेल्सियस तक लाना। इस प्रकार मंगल ग्रह को गरम करने की शुरुआत होगी वहाँ रासायनिक कारखाने लगाने से। इस काम में छोटे परमाणु रिएक्टर भी उपयोग में लाए जाएँगे। जैसे-जैसे मंगल का तापमान बढ़ेगा, वहाँ के वायुमंडल की परत मोटी होती जाएगी; परंतु तब भी वह सूर्य की पराबैंगनी किरणों को रोक नहीं पाएगी। पृथ्वी पर यह कार्य ओजोन परत करती है, लेकिन ओजोन ऑक्सीजन का ही एक रूप है—और तब तक मंगल पर शायद ही ऑक्सीजन होगी। ऐसी आशा की जाती है कि आगामी 50 वर्षों में मंगल पर भेजे जानेवाले विज्ञानियों में इंजीनियर, मृदा वैज्ञानिक, भौतिकशास्त्री तथा मशीनों के कुशल कारीगर होंगे। उनका जीवन वहाँ आरामदेह नहीं होगा।

सन् 2080–2115 तक जैसे-जैसे मंगल का तापमान बढ़ता हुआ –15° सेल्सियस तक पहुँचेगा, उसकी सतह में कार्बन डाइऑक्साइड, नाइट्रोजन और जल का अंश धीरे-धीरे बढ़ता जाएगा। वायुमंडल की परत भी मोटी होती जाएगी और बादल भी बनने शुरू हो जाएँगे, जिनका रंग धीरे-धीरे गुलाबी से नीला होता जाएगा। मंगल की गहरी दरारों में जल दिखाई पड़ने लगेगा। जब इस ग्रह का तापमान –9° सेल्सियस तक पहुँचेगा तो वहाँ के गरम प्रदेशों में काँटेदार वनस्पतियाँ उगने लगेंगी तथा मंगल ग्रह पर रह रहे परिवारों की संख्या में वृद्धि होगी। ये सभी स्पेस सूट में ही रहेंगे तथा एयरटाइट फेस मास्क पहनेंगे, जिसमें छोड़ी गई साँस को फिर से लेने योग्य बनानेवाले उपकरण भी लगे होंगे। उस समय तक ध्वनियाँ एक जगह से दूसरी जगह तक ले जाई जा सकेंगी। परंतु वे ध्वनियाँ पृथ्वी की अपेक्षा गहरी और गूँजती हुई होंगी, क्योंकि उन्हें अधिक कार्बन डाइऑक्साइड से होकर गुजरना पड़ेगा।

ऐसा अनुमान है कि सन् 2115 से 2150 तक मंगल का तापमान बढ़कर 0° सेंटिग्रेड तक आ जाएगा। तब जल्दी ही वहाँ की हवा पृथ्वी की हवा से दोगुनी भारी हो जाएगी। उस समय तक वहाँ छोटे-छोटे बायोस्फेरिक शहर विकसित हो जाएँगे। एयरटाइट ट्रक एवं कार भी जल्दी ही दिखाई देंगी। कम गुरुत्वाकर्षण के कारण यहाँ कंप्यूटर चिप बनाने का व्यवसाय जोरों से चल सकता है। इतना ही नहीं, अपनी कम गुरुत्वाकर्षण शक्ति के कारण मंगल अंतरिक्ष अभियानों का केंद्र भी बन सकता है।

ऐसा माना जा रहा है कि भविष्य में अंतरिक्ष यान के स्थान पर गुब्बारे मंगल का सर्वेक्षण करेंगे (चित्र 75)।

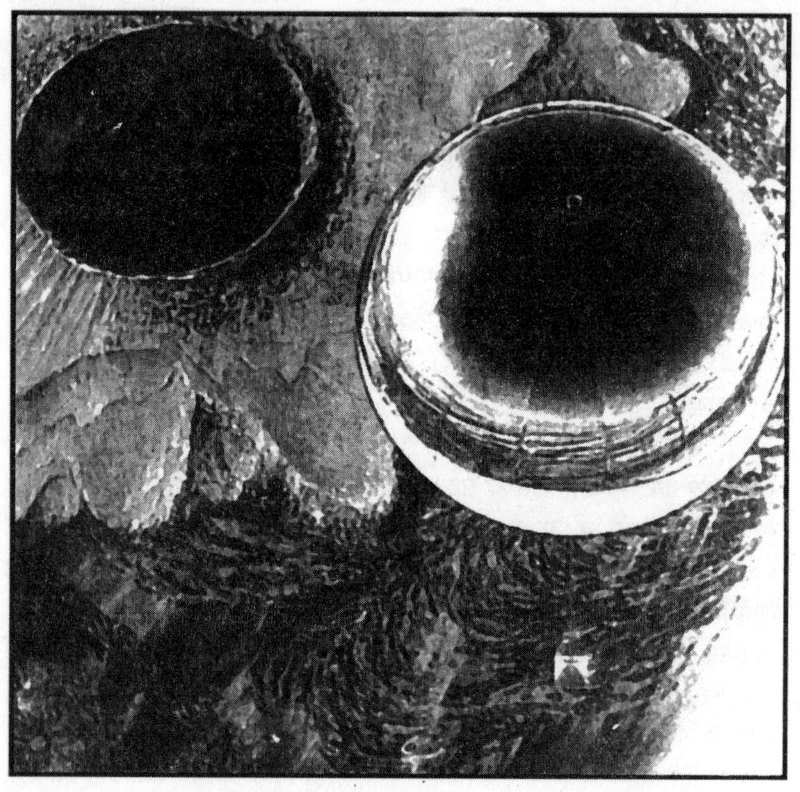

चित्र 75 : भविष्य में गुब्बारों द्वारा मंगल का सर्वेक्षण

सन् 2150 से आगे पर्यावरण से कार्बन डाइऑक्साइड लेकर ऑक्सीजन देनेवाले पौधों के अभाव में ऑक्सीजन नहीं रहेगी। परंतु सूक्ष्मजीवियों के कारण मंगल की मिट्टी जरूर ऐसी हो जाएगी कि वहाँ पौधे उगाए जा सकेंगे, जो तेजी से ऑक्सीजन को उत्पन्न करेंगे। सैद्धांतिक रूप से यह संभव है कि मंगल की सतह गरमी से आयरन और ऑक्सीजन में टूट जाए। इस प्रक्रिया में हजारों टन ऑक्सीजन उत्पन्न होगी और उसका बड़ा हिस्सा गुरुत्वाकर्षण की वजह से वहीं रह जाएगा। धीरे-धीरे तापमान जब और बढ़ता हुआ 5° सेल्सियस तक पहुँचेगा तब तक छोटे जंगल अस्तित्व में आने लगेंगे और जमी बर्फ धीरे-धीरे पिघलकर नदी, नालों,

झीलों, समुद्र इत्यादि का रूप ले लेगी तथा एक नई पृथ्वी, जिसे 'मंगल' नाम से जाना जाएगा, आबाद हो जाएगी।

वस्तुतः यह तो एक सपना है, जिसे हम भूलोकवासी पूरी लगन एवं निष्ठा के साथ योजना रूप में सोच रहे हैं और चाहते हैं कि काश, यह पूरा हो जाए!